# 팀장의
# 관 점

# 팀장의 관점

김규철 지음

경이로움

# 팀장이 가져야 하는 새로운 관점,
# 버드아이뷰

처음 회사에서 팀장 발령을 받은 날이 기억난다. 동료들의 축하 메시지가 쏟아졌다. 지나가는 말로 "팀장님!" 하며 짓궂게 사람들이 부르는 새로운 호칭이 썩 나쁘지 않았다. 그동안 롤 모델로 삼으리라 생각했던 얼굴, 절대 저런 팀장은 되지 말아야 하지 생각했던 얼굴들이 스쳐 지나갔다. 나는 꼭 좋은 팀장이 되리라 다짐했다. 그야말로 기분 좋은 하루였다. 하지만 신임 팀장들의 행보는 행복하게만 흘러가지는 않는다. "왕관을 쓰려는 자, 그 무게를 견뎌라." 셰익스피어의 문장이 들을 때마다 가슴을 파고든다.

팀장은 극심한 감정 노동을 겪는다. 우리는 감정 노동이 콜센터

직원이나 승무원 같은 서비스직의 전유물로 치부한다. 하지만 팀장은 자신이 팀원들에게 미칠 수 있는 영향력 때문에 감정 노동에 시달린다. 본격적으로 책임과 성과에 대한 압박이 위에서 가해지는 시기도 팀장이 되었을 때부터다. 팀장으로 승진하는 것은 분명 실무자로서 능력을 인정받았기에 가능한 일이었다. 그러나 팀장이 된 순간부터 성공 가도를 달려오던 유능한 나는 온데간데없다. 거울 앞에는 위아래의 압박을 샌드위치처럼 끼어 고통받는 한 무기력한 팀장의 얼굴이 보인다.

농구는 5명의 선수가 함께 뛰는 팀 스포츠이며 팀에는 에이스가 존재한다. 전체 경기 운영에서 선수들의 조화가 중요하다. 하지만 마지막 순간 경기를 결정짓는 공격 상황에서 공은 에이스의 손에 쥐어진다. 에이스는 모두가 자신을 지켜보는 압박감을 견디며 마지막 공격의 책임을 끌어안는다. 최고의 선수들에게는 늘 그런 압박의 시간이 있다. 농구계의 슈퍼 스타인 마이클 조던Michael Jordan과 코비 브라이언트Kobe Bryant가 그랬다. 팀장은 경기를 펼치는 팀의 에이스로서 기꺼이 책임을 떠안는 자리이기에 고독하다.

시중에는 팀장에 관한 많은 책과 교육이 존재한다. 이러한 팀장 지침서들은 주로 리더로서의 팀장 노릇을 다룬다. 우리는 은연중에 비전을 제시하고 앞장서서 조직을 이끄는 멋진 리더를 동경하고, 그렇게 되고 싶어 한다. 하지만 현실의 팀장은 좋은 리더인 동시에 좋은 기획자, 좋은 관리자, 좋은 코치, 좋은 어른이어야 한다. 팀원들에게 새로운 관점과 가설을 제시할 줄 알아야 하고, 팀이라는 자원을 효율적으로 관리하고 운영해야 한다. 고통받는 팀장들의 하루하루를 구원하는 것은 '좋은 리더가 되어야 한다'라는 꿈이 아니다. 팀장이 반드시 해야 하는 일에 대한 기술을 익히는 것이다.

팀장에게는 팀장의 일이 있다. 논어論語의 정치 철학에서 "임금이 임금답고, 신하가 신하다워야 함"을 강조하듯, 팀장이 된 순간 실무자와는 다른 일을 해야 한다. 많은 초보 팀장이 자신의 뛰어난 실무 능력을 뽐내며 팀원과 경쟁하려 한다. 어떤 팀원도 자신의 일을 대신해주는 팀장과 함께 일하기를 원하지 않는다. 마이크로 매니지먼트(지나치게 세밀하게 관리하는 것)의 딱지를 붙일 뿐이다.

실무자 시절과 반드시 달라져야 하는 팀장의 일은 한마디로 '위에서 아래로 조망하는 것'이다. 더 이상 팀장의 성과는 자신의 시간과 능력만을 발휘해 만들어내는 결과에 한정되지 않는다. 팀장의 노력은 팀원이라는 블랙박스를 거쳐 성과라는 결괏값을 만든다. 이러한 이유로 팀장은 자기 손안에 있는 하나의 실무에서 눈을 떼고 팀이 성과를 내는 전체 과정을 넓게 조망할 줄 알아야 한다.

경영 컨설턴트들은 이런 능력을 '버드아이뷰Bird's-eye view'라고 표현한다. 실무자가 땅에 발을 딛고 뚜벅뚜벅 자신의 길을 걷는다면 팀장은 하늘을 나는 새의 시각으로 활공하며 주변을 조망할 줄 알아야 한다. 컨설턴트들은 기업이 가진 문제를 해결하기 위해 투입되는데, 기업의 CEO들은 내부자는 볼 수 없는 곳을 확인해줄 외부자의 시각과 컨설턴트들이 훈련받은 버드아이뷰의 도움을 받기 위해 이들에게 비싼 비용을 치르고 일을 의뢰한다. 실무와 현실,

**6**

제약 조건과 복잡한 이해관계에 파묻히지 않고 넓은 시야로 큰 그림을 그릴 줄 아는 능력은 그만큼 가치 있다.

## 팀장이 가져야 하는 6가지 버드아이뷰

1. 일을 시작하는 관점: 명료한 가설과 계획을 제시할 수 있는가?

2. 일을 마무리 짓는 관점: 문제를 해결하고 일을 끝낼 수 있는가?

3. 위임의 관점: 일의 프로세스를 설계하고 운영을 맡길 수 있는가?

4. 코칭의 관점: 팀원을 성장시킬 수 있는가?

5. 팀 문화의 관점: 승리하는 분위기를 불어넣을 수 있는가?

6. 멘탈 관리의 관점: 자신의 멘탈을 다스릴 수 있는가?

이 책은 팀장으로서 가져야 하는 6가지 버드아이뷰를 소개한다. 첫 번째는 새로운 일을 맡아 추진하기 위해 필요한 관점이다. 팀장은 더 이상 개인으로 일하지 않는다. 팀이 하나의 명확한 가설을 바탕으로 일할 수 있도록 방향을 제시해야 한다. 팀장은 주어진 일의 목적과 나아가야 하는 방향을 크게 조망하면서 계획을 제시한다.

두 번째 관점으로 일을 끝낼 때 마주하는 문제를 어떻게 돌파할 수 있는지, 성공적인 보고로 마무리할 수 있는지를 다룬다. 모든 일에 시작이 있다면, 훌륭한 성과에는 좋은 마무리가 있다.

세 번째로 새롭게 가져야 하는 관점은 위임이다. 팀이 유기적으로 각자의 역할을 수행하도록 팀장은 각각의 일에 팀원이라는 자원을 적재적소로 배치해야 한다. 그러기 위해 팀장은 실무에 파묻히지 않고 일의 전체적인 프로세스를 조망할 줄 알아야 한다.

네 번째 관점으로는 코칭을 다룬다. 팀의 성과는 팀의 역량에 좌우된다. 팀장은 장기적인 팀의 성과를 높여가기 위해 팀원 개개인을 어떻게 성장시킬지 고민해야 하며, 지금 한순간이 아닌 팀의 장기적인 성장 경로를 조망할 줄 알아야 한다.

다음으로 팀장이 되면 팀이 가지는 고유한 문화를 다룰 줄 알아야 한다. 팀장은 팀원들이 승리를 위한 기세를 키우고 자신의 일에 열정을 다할 수 있도록 해주는 비전을 어떻게 공유할지를 고민해야 한다. 이는 팀장으로서 한 조직을 맡기 시작하면 길러야 하는 새로운 관점이다.

마지막으로 팀장은 늘 스스로의 멘탈을 돌볼 줄 알아야 한다. 많은 팀장이 성과에 대한 압박감과 팀원 관리의 부담으로 고통받는다. 팀장 스스로 건전한 멘탈과 여유 있는 심신을 유지해야 팀장으로서 가져야 하는 새로운 관점을 장착할 수 있다. 여유 있는 사람만이 넓은 시야를 가질 수 있다.

이 팀장이 가져야 하는 6가지의 관점들은 현재 경영 컨설팅 팀을 이끄는 시니어 팀장이자, 후배들을 신임 팀장으로 육성하는 코치로서 여러 사례를 경험한 내가 정리한 팀장의 핵심 기술 리스트다. 물론 이 질문의 답은 합격, 불합격처럼 이분법으로 나누어질 수 없다. 누구나 강약점이 있을 뿐이며 모든 질문에 완벽한 만점을 받는 사람도 없다. 다만, '리더십이란 무엇인가?' 같은 현학적 질문에 빠지지 않고, 팀장으로서 이 핵심 기술 리스트를 늘 마음에 품고 들추어볼 만한 구체적인 준칙으로 세우면 좋겠다.

애플의 창업자인 스티브 잡스Steve Jobs는 최고의 리더는 관리자professional manager가 아닌 뛰어난 전문가great individual contributor여야 한다고 믿었다. 초창기 애플을 성장시키기 위해 경영진은 전문적인 관리자들을 채용했다. 그러나 그들은 회사의 성장에 기여하지 못했다. 그들에게 관리 능력은 있었을지라도, 회사에 필요한 일을 실제로 만들어낼 역량은 없었다. "자신의 기준에 회사의 성과가 못마땅한 사람, 그리고 실제로 더 뛰어난 결과를 만들어낼 수 있는 사람 누구도 자신만큼 그 일을 잘 해낼 수 없기 때문에 스스로 팀장이 되기로 결심한 사람이 최고의 팀장이 될 수 있다"라고 잡스는 말했다.

여러분이 뛰어난 실무자로서 인정받고 팀장이 되었다면 그것만으로도 훌륭한 팀장이 될 수 있는 자질을 갖춘 것이다. 다만, 실무자이던 시절과 달리 팀장으로서 새롭게 익혀야 하는 팀장의 일에 대한 기술을 배우고 장착하면 된다. 이는 더 나은 전문가가 되기 위한 실무적인 노력을 병행해야 하는 또 다른 형태의 노력이다. 스스로 만족할 만한 유능한 팀장, 상사로부터 인정받는 팀장, 후배들로부터 존경받고 사랑받는 팀장, 모두가 꿈꾸는 팀장, 그 모습에 다다르기 위해 이제 시작해보자.

김규철

PART 1

# 일을 시작하는 관점

## 명료한 가설과 계획을 제시할 수 있는가?

**PART 2**

## 일을 마무리 짓는 관점

### 문제를 해결하고 일을 마무리할 수 있는가?

**PART 3**

## 위임의 관점

### 일의 프로세스는 설계하고 운영은 맡길 수 있는가?

## PART 4

# 코칭의 관점

## 팀원을 성장시킬 수 있는가?

## PART 5

# 팀 문화의 관점

## 승리하는 분위기를 불어넣을 수 있는가?

PART 1

일을 시작하는 관점

명료한 가설과 계획을
제시할 수 있는가?

"올해 직장에서 이루고 싶은 제 목표를 세웠어요. 팀장님이 먼저 일의 방향을 잡고 팀원들에게 제시하기 전에 제가 먼저 스스로 방향을 설정해보는 거예요. 팀장님보다 하루 더 앞서서 생각하는 게 제 목표예요."

내가 참 좋아하고 배우고 싶었던 팀장에게 당돌한 포부를 밝혔던 기억이 난다. 돌이켜 보면 그때 보았던 팀장의 모습은 배를 운항하는 선장과도 같았다. 누구보다 먼저 항로를 공부하고 고민해 나아가야 할 방향을 제시했다. 그의 팀원이던 시절 나는 훌륭한 조타수였지만 선장의 지휘에 맞추어 부여잡은 키를 열심히 돌릴 뿐이었다. 물론 조타수에게는 조타수의 일이 있기에 그 이후로도 선장보다 먼저 항로를 스스로 결정하는 일은 일어나지 않았다. 다만, 당시의 나는 스스로 좋은 팀장이 되기 위한 준비를 하고 싶었던 거 같다.

이후 나는 더 많은 경험을 쌓고, 목표를 성취하고, 나이를 먹으며 자연스럽게 팀장의 자리에 올랐다. 처음에는 작은 배의 선장으로 시작했다. 그리고 시간이 지나면서 팀원의 수가 늘어나고 배의 크기도 점점 커져갔다. 그럴수록 나는 방향을 정하고 제시하는 게 팀장의 중요한 기술이라는 사실을 더욱 실감했다.

많은 팀장이 팀장의 자리에 오르고도 여전히 조타수로서 키를 붙잡고 있다. 팀장이 되었다면 이제 과감히 키를 내려놓고 팀장의 일을 찾아가야 한다. 방향을 제시하는 팀장의 일을 제대로 하고 있는 사람이라면 단지 일의 성취에 대한 만족감으로는 표현할 수 없는 자신의 삶에 대한 긍정과 확신을 느낄 수 있다. 최근 나는 종종 이런 이야기를 한다.

"나는 과거 젊은 조타수였던 나보다 완숙한 선장이 된 지금의 내 모습이 너무 좋아요. 내 안에 쌓인 경험과 지식은 일을 어떻게 시작하면 좋을지에 대한 가설과 계획을 감각적으로 떠올리게 해줘요. 정교한 조사와 분석 기술은 어쩌면 나보다 나은 팀원들이 있을지도 몰라요. 하지만 그 복잡한 정보의 연결망 속에서 핵심과 본질이 무엇인지 발견하는 일은 내 몫이라는 확신이 있어요. 그건 일을 시작할 때부터 더 넓은 시야에서 일의 전체 모습을 조망할 수 있는 위치에 있기 때문일 거예요. 그게 바로 팀장의 일입니다."

# 하늘을 나는 새처럼
# 전체를 조망하라

팀장으로서 일하며 가장 뿌듯한 순간은 언제일까? 상사로부터 인정받았을 때나 팀원이 감사를 표할 때일 수도 있다. 팀과 함께 뛰어난 성과를 만끽할 때일 수도 있다. 이는 팀장이 개인으로서 또는 팀의 일원으로서 이룬 성취의 결과다. 그리고 이러한 결과가 있으려면 적절한 과정이 필요하다.

　직장인의 삶은 99일이 '과정'이고 1일이 '성취'다. 이러한 이유 때문에 팀장에게는 99일을 차지하는 매일의 과정 속에서 느낄 즐거움이 필요한데, 그중에서도 통찰의 즐거움을 빼놓을 수 없다. 팀장으로서 새로운 가설과 계획, 생각을 제시하고 팀을 이끌 수 있는 능력과 그에서 오는 환희는 팀장으로서 넘어야 하는 첫 어려움이자, 느낄 수 있는 가장 큰 보람과 기쁨이다.

## 통찰의 순간,
## Aha moment!

—

한 회사의 관리자, 누군가의 팀장이 되는 것은 직장인들이 꿈꾸는 영광의 순간 중 하나다. 팀장이 되었다는 것은 자신의 뛰어난 실무 능력을 인정받았다는 뜻이다. 능히 그 능력으로 동료들에게 더 좋은 영향을 끼칠 수 있다는 가능성을 지녔고 미래에 더 큰 잠재력을 발휘할 것이라는 기대를 받는 직책이 바로 팀장이다.

하지만 많은 실무자가 처음 팀장의 자리에 오르면 실무자 때의 관성을 쉽게 버리지 못한다. 그 관성은 뛰어난 실무자로서 하나의 문제를 풀기 위해 치열하게 고민하고 온갖 세부 사항을 검토했던 습관이다. 세부 사항을 잘 안다는 것은 분명한 강점이지만, 팀장이 된 순간 우리는 전문가 병에 빠져 있어서는 안 된다.

나무가 아닌 숲을 봐야 한다는 비유를 흔히 쓴다. 전체 상황과 개념을 이해하기 위해서는 개별적인 구성 요소에 너무 집착하지 않아야 한다는 의미다. 팀장의 입장에서는 팀원들이 수행하는 각각의 일들이 나무다. 팀장의 역할은 이 나무들이 어떤 숲이라는 목표하에 모여야 하는지 설계하고 제시하며 목표를 상기시키는 것이다. 세부 사항들로 이루어진 복잡한 구조들을 이해하되, 이 전체가 의미하는 바를 찾아내는 것을 우리는 통찰이라고 부른다. 그리고 이 통찰은 세부 사항들의 단순 합계에서 탄생하지 않는다.

통찰은 종종 '아하! 하는 순간^Aha moment'이라고 묘사된다. 통찰은 기존의 사고 패턴이나 접근법에서 벗어난 창의적인 해결책과 아이디어를 발견하는 것을 의미한다. 통찰을 이끌어내는 과정은 종종 복잡하고 난해하며, 논리적인 사고나 직선적인 문제 해결 접근법만으로는 얻기 어렵다. 통찰을 촉진하는 방법은 다양한 관점에서 문제를 바라보되, 그 세부 사항 중 중요한 사항을 집어내는 것이다. 그리고 집어낸 중요한 사항들 간의 새로운 연결을 만들어내는 행위다. 팀장은 팀원들이 가져온 수많은 퍼즐 조각이 모두 맞추어졌을 때 해당 퍼즐이 어떤 숲의 모습을 보이는지 대략적인 그림을 통찰할 수 있어야 한다.

중요한 사실은 팀장이 직무기술서에서 주어진 자기 역할과 영역 위에만 있어서는 결코 통찰을 얻을 수 없다는 것이다. 회사는 복잡한 유기체다. 팀장은 그 회사를 움직이게 하는 복잡한 기능들 중 한 부분을 맡고 있다.

하지만 팀장이 풀어야 하는 많은 문제는 자신이 담당하는 기능에만 국한되어 있지 않다. 기능들은 서로 영향을 주고받는다. 좋은 상품 기획이 있어야 마케팅이 효과적으로 이루어지고, 잘 갖추어진 물류 체계가 있어야 재고 관리가 용이한 것처럼 말이다. 팀장은 자기 팀의 기능이 회사 안에서 최적화될 수 있도록 관련된 여러 다른 기능들을 전체적으로 조망해야 한다.

## 큰 그림에서
## 시작하라

—

회사들은 자신들의 상황을 가장 잘 알고 있음에도 불구하고 종종 외부 컨설턴트를 고용해 전략 설계를 맡긴다. 컨설턴트는 외부자의 시각으로 고객사에 도움이 되는 객관적인 조언을 제시한다.

　최고 경영진의 의사결정을 돕기 위해 컨설턴트들은 특별한 훈련을 받는다. 그중 가장 중요한 것은 회사의 문제를 탑다운top-down 시야로 바라보는 습관이다. 컨설턴트가 고객사 CEO들의 신뢰를 받는 가장 주된 이유는 회사 전체를 조망하는 CEO들과 눈높이가 맞는 대화를 해줄 수 있기 때문이다. 자기가 맡은 기능에 국한해 세부 사항을 보고하는 사내 관리자들에게 답답함을 느끼고 있는 CEO라면 더욱 그렇다.

　컨설턴트들은 새로운 회사의 프로젝트를 시작하면 먼저 회사 또는 회사가 속한 산업이 처한 문제의 대략적인 모습을 그려본다. 결코 세부 사항에 대한 분석을 먼저 하지 않는다. 설령 회사의 경영진이 아주 구체적이고 미시적인 문제를 이미 알고 있고 그 특정한 문제의 해결을 명확하게 지시할 때조차 그렇다. 그 문제가 다른 어떤 문제와 연관되어 있을지, 문제를 분석할 때 어떤 전체 맥락을 고려해야 하는지 반드시 파악해야 한다. 마찬가지로 팀장도 세부 사항 이전에 한발 떨어져 전체 그림을 조망해야 한다. 이것이 팀장으로서 실무자와 가장 다르게 접근해야 하는 일의 첫 단추다.

세계적인 영상 스트리밍 서비스 기업인 넷플릭스의 처음 모습은 DVD를 집으로 배송해주는 업체였다. 고객들은 넷플릭스의 웹사이트에서 원하는 DVD를 선택하고 대여한 뒤, 우편으로 배송을 받았다. 당시 시장에는 넷플릭스보다 먼저 DVD 시장을 선점한 비디오 대여 체인점 블록버스터<sup>Blockbuster</sup>가 있었다. 블록버스터는 고객이 직접 방문해 DVD를 대여할 수 있는 전국구 매장 네트워크를 구축하고 있었다. 이에 반해 넷플릭스는 인터넷 시대의 도래와 함께 매장 방문 없이도 편하게 DVD를 대여할 수 있는 새로운 서비스를 제공하기 시작한 혁신적인 업체였다.

그러나 시장은 다시 한번 급변했다. 인터넷 속도는 비약적으로 빨라졌고 고객들은 원하는 콘텐츠를 수일의 배송 기간을 기다리지 않고 즉시 즐기고 싶어 했다. 넷플릭스가 온라인 대여 서비스라는 자사의 문제에만 집중했다면 이런 변화에 적응하지 못하고 다른 사업자가 디지털 스트리밍 서비스 시장을 장악했을지 모른다.

그러나, 창업자 리드 헤이스팅스<sup>Reed Hasings</sup>는 나무가 아닌 숲, 회사가 아닌 시장의 변화에 주목했다. 그 결과 2007년 지금과 유사한 디지털 스트리밍 서비스를 과감하게 시작할 수 있었다. 변화의 큰 그림을 정확하게 읽어낸 넷플릭스는 콘텐츠 업계의 여러 유형의 회사가 도태되는 가운데 홀로 우뚝 설 수 있었다.

# 큰 그림은
# 진짜 문제를 드러낸다

—

컨설팅 팀의 팀장으로서 국내 대형 은행이 겪던 문제에 큰 그림을 제시한 이야기를 나누어보자. 모두가 아는 것처럼 은행 또한 디지털 전환에서 자유롭지 못했다. 과거 은행 지점을 방문해 상담과 은행 서비스를 받던 고객들은 이제 스마트폰으로 대부분의 거래를 처리한다.

전통 은행들은 고객을 잃지 않기 위해 토스, 카카오뱅크와 같은 편리한 모바일 금융 서비스를 따라하기 급급했다. 이런 변화가 개인 소비자뿐만 아니라 은행의 기업 고객들에게서도 포착되고 있었기 때문이다. 기업 고객들의 디지털뱅킹에 대한 요구 수준은 날로 높아졌고, 인터넷 은행들도 본격적으로 기업 고객 시장에 진출하려는 움직임을 내비쳤다.

컨설팅을 의뢰한 은행이 겪는 문제는 회사의 기업뱅킹 디지털 전환 속도가 경쟁 은행 대비 느리다는 점이었다. 기업들이 은행의 웹사이트에서 직접 가입할 수 있는 상품의 수가 적고 프로세스도 불편했다. 경쟁 은행들이 기업 고객까지 인터넷 대출을 적극적으로 확대한 반면, 해당 은행은 아직 대출 심사의 자동화조차 이루어지지 않았다. 상품 부서, 고객 관리 부서, 대출 심사 부서, 디지털 부서 등 관련된 모든 부서들이 뒤처진 이유를 보고했다. 모두 각자의 시각에서 본 나무 모습만 제시했다. 이러한 이유 때문에 경영진의 고민은 여전히 해소되지 않아 답답함을 토로했다. "대체 우리는 왜 뒤처지고 있는 것입니까? 큰 그림을 보여주세요!"

나는 기업뱅킹을 이루는 구성 요소를 상품, 서비스, 전달 채널, 고객 관리 체계로 나누고 상세 분석을 지시했다. 팀원들은 각 영역에서의 문제를 파헤치고 중요한 사항들을 보고했다. 사항들을 보고받은 후 나는 한발 떨어져 큰 그림을 그려냈다.

단 하나의 요소가 아닌 모든 면에서 경쟁 은행 대비 뒤처지고 있는 원인이 무엇일까? 나는 '상품, 서비스 등 현재의 경쟁력 격차를 만드는 회사의 하부 구조부터 문제인 것은 아닐까'라는 가설을 세웠다. 모두 표면적인 차이만 분석하느라 놓쳤던 근본 문제를 회사가 가지고 있는 정책과 조직 구조, 그리고 문화라고 나는 진단했다.

경쟁사에 뒤처진 경쟁력은 현상, 그 현상을 이루는 것은 회사를 떠받치는 하부 구조다. 전체 그림을 본 뒤에 우리는 이런 메시지를 경영진에게 전달할 수 있었다.

"우리 은행은 안타깝게도 기업 고객을 위한 디지털뱅킹 경쟁력이 모든 방면에 걸쳐 뒤처져 있습니다. 특정 영역의 문제가 아니라 전방위적인 문제가 발생하고 있다는 것, 이것은 더 근본적인 원인이 있다는 것을 의미합니다. 우리 은행은 기업 고객을 위한 디지털뱅킹에 투자할 수 있는 여건조차 마련되어 있지 않습니다. 정책과 조직 구조가 낙후되어 있고, 내부 임직원들은 아직 디지털뱅킹의 중요성을 인식하지 못하고 있습니다. 많은 직원이 기업 고객의 디지털화는 시기상조라고 생각하고 있습니다. 이런 문화와 인식이라는 하부 구조부터 개선해야 현재의 격차를 줄일 수 있습니다.”

## 더 멀리 보는
## 팀장의 버드아이뷰

문제의 세부 사항에 대한 분석은 위임할 수 있다. 하지만 그 위임된 일들의 전체를 꿰맞추는 일은 언제나 팀장의 몫으로 남겨진다. 그리고 그 일은 단순히 팀원들의 분석 결과를 논리적으로 합치고 열거하는 것이 아니다. 세부 사항들의 큰 줄기를 이해하고, 그 줄기가 가리키는 큰 그림을 한발 떨어져서 그려낼 수 있어야 한다. 그래서 리더는 나무가 아닌 숲을 봐야 한다고, 문제에 대한 새로운 통찰을 해야 한다고 말하는 것이다. 팀장이 되었다면 이제 더 이상 내 영역, 내 역할, 내가 검토해야 하는 한계란 없다고 생각하는 편이 좋다. 내가 맡은 조직에 앞뒤로 촘촘히 연결된 신경망을 보유한 회사, 그리고 회사를 둘러싼 외부 환경을 이해할수록 팀장이 해내야 하는 문제 해결에 도움이 된다.

# 핵심을 포착하는
# 바구니를 만들어라

탑다운으로 전체를 조망하되, 핵심을 파악하라. 얼핏 들으면 상충하는 말처럼 들린다. 전체적인 조망의 의미를 나무 하나하나를 모두 훑는다고 생각하고, 핵심을 파악한다는 의미를 사막에서 바늘을 찾는 것이라 오해한다면 그렇다. 실제로 일 잘하는 팀장의 머리 속에서 이루어지는 전체적인 조망과 핵심을 파악하는 것은 같은 목적으로 동시에 작동하는 메커니즘이다. 숲에 들어가 모든 나무를 하나씩 살피는 보텀업bottom-up 접근법과 달리 탑다운 접근법은 문제를 둘러싼 주변 사항을 빠짐없이 정의하고 살피되, 그것을 하나씩 파헤치지 않고 핵심적인 내용을 중심으로 관조한다.

## '나만의 마법 바구니'를 만들고
## 생각을 담아라

—

팀장으로서 새로운 문제를 접하고, 문제 해결을 위한 가설이나 접근 계획을 세울 때는 먼저 많은 자료를 접해야 한다. 문제와 관련한 키워드를 검색해 최신의 산업 트렌드, 경쟁사의 동향, 소비자들의 변화를 조사해야 한다. 문제가 생소할수록 팀장은 이런 초기 조사를 직접 해볼 필요가 있다. 가설과 계획도 최소한의 배경지식 위에서만 세워지기 때문이다. 단, 세부 사항에 매몰되지 않고 탑다운의 시야를 유지하기 위해서는 이 자료들을 적극적으로 유형화하면서 읽어야 한다. 후배 팀장들을 양성하면서 내가 가장 강조하는 것은 '나만의 바구니'를 만들며 자료를 이해하는 습관이다.

나만의 바구니란 복잡한 현상을 어떻게 구조화해 이해할 것인가에 관한 개념이다. 눈앞의 현상을 이루는 중요한 요소는 무엇이고, 어떤 하위 요소들로 나누어 문제를 이해할 것인지에 대한 나만의 인식 체계가 바로 바구니다. 팀장에게는 이 바구니를 어떻게 만들 것인지가 세부적인 정보보다 중요하다.

제대로 된 바구니를 정의했다면, 세부 사항들은 적절히 나누어 담을 수 있다. 바구니의 개념을 이해하기 위해 자동차를 예로 들어보자. 우리는 자동차를 국산차와 외제차로 나누기도 하고, 배기량으로 나누기도 하며, 승용차와 승합차 등으로 나누기도 한다. 자동차를 나눈 이 묶음들이 바로 바구니다.

같은 대상이나 현상을 보고도 우리는 서로 다른 바구니를 정의할 수 있다. 사람을 담는 바구니를 만들 때 누군가는 성별이나 인종 같은 생물학적 특성으로 나누지만, 또 다른 누군가는 MBTI 같은 성격 유형으로도 나눌 수 있다. 바구니는 내가 현상을 어떤 시각으로 바라보며 문제를 해결해 나갈 것인지에 따라 달라진다.

이러한 이유 때문에 팀장은 초기 조사를 하며 팀원들에게 제시할 자신만의 초기시각을 설계해야 한다. 팀장의 바구니는 어떻게 문제를 나누고, 세부 사항을 조사할 것인지에 대한 큰 그림이자, 현상 이면에 문제의 근본 원인이 있다고 생각하는 가설이다.

퍼즐 맞추기를 상상해보자. 수많은 퍼즐 조각이 바닥에 어지럽게 펼쳐져 있고, 팀장은 퍼즐판을 손에 들고 있다. 여기서 팀장은 퍼즐 하나하나를 먼저 살펴서는 안 된다. 팀장이 할 일은 흐트러진 퍼즐 전체를 조망하는 것이다. 퍼즐 조각을 하나씩 퍼즐판에 맞추기 이전에 어떤 방식으로 수많은 퍼즐 조각을 분류할지 결정해야 한다. 물론 팀장이 같은 퍼즐을 맞추어본 경험이 있다면 최종 모습을 이미 알기 때문에 분류가 수월할 것이다. 그러나 오늘날 팀장들은 전혀 경험해보지 못한 새로운 문제도 곧잘 마주하게 된다.

펼쳐진 퍼즐 조각들을 내려다보았을 때 색깔이 다양하다면 이것은 하나의 힌트가 될 수 있다. 같은 색의 퍼즐 조각끼리 미리 분류해놓으면 조각 맞추기가 훨씬 수월할 것이다. 비슷한 무늬를 가진 퍼즐 조각들이 눈에 들어온다면 그것도 힌트가 된다. 때로는 조각의 모양을 보았을 때 퍼즐판 가장자리에 위치할 거 같은 조각들을 먼저 분류해서 맞추기도 한다. 퍼즐판에 새겨진 모양과 이어지는 가장자리를 먼저 맞추는 것이 더 쉽기 때문이다.

복잡한 퍼즐을 어떻게 풀 것인가? 팀원들에게 어떤 지시를 내릴 것인가? 팀장의 일은 어질러진 퍼즐 조각에서 패턴을 읽고, 핵심적인 문제를 간파하기 위한 나만의 분류 체계를 제시하는 것이다.

## 바구니를 만들면 해결책이 보인다

—

컨설턴트들이 흔히 '프레임워크'라고 부르는 것이 바로 이 바구니의 개념과 유사하다. 컨설턴트와 경영학자들은 기업이 처한 문제를 보다 빠르게 이해하기 위해 주요 사항을 포착하는 프레임워크들을 만들어 냈다. 거시 환경 이해를 위해 쓰이는 PEST^Political, Economic, Social and Technological 분석은 정치, 경제, 사회, 기술로 거시 환경을 단순화해 구분한다. 이런 프레임워크는 인터넷 검색으로 쉽게 찾을 수 있다. 하지만 자신이 마주한 문제를 프레임워크에 억지로 구겨 넣어서는 문제를 제대로 이해할 수 없다. 이러한 이유 때문에 팀장은 스스로 초기 조사를 하며 '나만의 바구니'를 만드는 일에 능숙해져야 한다.

국내 식품 제조사 프로젝트를 진행하며 나는 식품 산업에서 지난 10년간 5가지의 확장이 있었다고 주장했다. 첫 번째 제품의 확장은 다변화되는 소비자들의 요구에 대응하기 위해 제조사와 유통사들이 다양한 제품을 쏟아내며 이루어진 변화다. 두 번째 식생활의 확장은 1인 가구의 편의식 소비 증가로 인해 일어난 식생활의 다양화를 의미했다. 채널의 확장은 식품 구매의 온라인화를, 시공간의 확장은 편의점과 배달 서비스 발달에 따른 외식 형태의 다변화를, 시장의 확장은 K푸드의 글로벌 진출을 의미했다.

식품 산업의 트렌드를 분류하는 바구니는 다양하게 만들 수 있다. 산업 분석에 일반적으로 쓰이는 프레임워크를 찾는 일도 어렵지 않다. 하지만 제품, 식생활, 채널, 시공간, 시장의 '확장'이라는 관점에서 바구니를 만든 이유는 시장을 바라보는 나만의 큰 그림을 전달하기 위해서였다.

2000년대까지 식품 산업은 양적, 질적 팽창이라는 황금기를 보냈다. 이는 소득의 증가와 대형 마트의 확장이 주요한 배경이었다. 하지만 2010년대 이후는 달랐다. 저성장 속에서 수가 줄어든 소비자를 차지하기 위해 식품 산업은 새로운 수요, 새로운 소비 방식을 만들야 했다. 전통적인 식품 소비 방식을 벗어나 시장을 확장하는 것이 산업의 성장 방정식이었다는 메시지를 담는 바구니로 '확장'이라는 키워드가 가장 적합했다.

나만의 바구니는 반드시 '그렇게 만든 이유'가 있어야 한다. 바구니는 문제와 현상을 어떻게 바라볼 것인지에 대한 관점이기 때문에 반드시 '그래서 어떻게 해야 하는가?'라는 질문과 연결되어야 한다. 즉 바구니는 해결책의 단초와 연결될 수 있어야 한다. 해결책과 연결되지 못하는 바구니는 해결책에 도달하지 못하는 단순 분석에 그치고 만다.

위에서 언급한 식품 제조사는 50년 역사를 자랑하는 업계 선두 기업이다. 오랜 세월 전 국민의 먹거리를 책임졌고, 기업이 만든 제품들은 여전히 큰 사랑을 받는 스테디셀러다. 경영진과 직원들은 이 건실하게 성장해온 회사에 대단한 자부심과 애정을 보이고 있었다. 회사의 이익 구조도 건강했고, 당분간은 이런 태평성대가 유지될 것이 분명했다. 당시 나는 컨설턴트로서 이 안정적인 회사가 새롭게 닥쳐올 미래를 지금부터 대비했으면 하는 마음을 품게 되었다. 탄탄한 지금의 사업 구조에 안주하지 않고 새로운 혁신의 바람을 끌어들이기를 바랐다.

제품, 식생활, 채널, 시공간, 시장의 '확장'이라는 바구니는 달라질 미래의 새로운 경쟁 환경을 가리키고 있었다. 새로운 산업의 패러다임 위에서 지금과 같은 업계 최고의 위상을 유지하기 위해 어떤 '미래 경쟁력'의 장착이 필요한지, 그 해결책으로 바구니를 연결 짓고자 했다. 최종 보고회 무대에 오른 나는 회장님을 포함한 임직원들 앞에서 이런 이야기를 전했다.

"우리 기업은 오랫동안 사랑받아온 스테디셀러 제품들, 효율적인 비용 구조에서 비롯한 가격 경쟁력, 임직원분들의 정열적인 애사심이 만들어 낸 영업 역량으로 안정적인 사업을 꾸려가고 있습니다. 지금의 성과는 과거부터 이 회사를 꾸려온 선배들의 투자가 만들어 낸 오늘날의 경쟁력에서 비롯됩니다. 이제는 달라질 내일에 대비할 새로운 미래 경쟁력을 갖추기 위해 무엇을 준비해야 할지 고민할 시점입니다. 제품, 식생활, 구매 채널, 식품을 이용하는 시공간과 우리 회사가 마주할 시장이 모두 새로운 방향으로 확장되고 있습니다. 이 변화로부터 식품 산업의 미래 경쟁력은 어떻게 달라질지 함께 이야기해보고자 합니다.”

이렇듯 제대로 된 바구니를 설계하는 것만으로도 의사결정의 핵심 사항이 무엇인지를 분명하게 할 수 있다.

## 바구니에
## 핵심 메시지 붙이기

—

바구니는 썼다 지웠다 하며 계속 수정할 수 있다. 나는 대개 새로운 문제를 접하면 반나절에서 하루 정도 시간을 들여서 관련된 자료를 직접 찾고 읽는다. 바구니를 만들기 위한 최소한의 배경지식을 얻기 위해서다. 특히 인상 깊은 내용들은 스크랩해 둔다. 어느 정도 자료들을 읽었다면 내가 읽은 주요 사항들을 메모해본다. 그리고 기억에 남는 핵심 내용들을 유형화해 최초의 바구니를 만들고 스크랩한 자료들을 바구니에 담는다.

주요 사항들이 특정한 바구니에 지나치게 쏠려 있다면 바구니 설계가 잘못된 것이다. 하나의 바구니가 다른 바구니들보다 너무 크기 때문에 생긴 문제이거나, 바구니 간의 중요도가 달라서 생긴 문제일 수도 있다. 몇 번의 쓰고 지우는 과정을 거쳐 적절한 균형을 갖춘 바구니를 만든다. 물론 이것은 최초의 바구니일 뿐이다. 새로운 중요한 사실을 발견했는데 담을 바구니가 없다면 바구니가 추가될 수도 있다. 또는 분석 후 중요하지 않은 바구니는 사라질 수도 있다. 경험상 일의 계획을 설계하고 초기 조사를 하는 첫 1~2주는 제대로 된 바구니를 만드는 것에 집중하는 시간이다.

바구니는 세부적인 정보를 담기 위한 것이 아니다. 세부적인 정보와 분석들이 가리키는 한두 가지의 메시지가 바구니에 담겨야 한다. 식품 산업에서 식생활이 어떻게 변화했는지를 알기 위해 당시 우리 팀은 매우 구체적인 분석들을 수행했다. 1인 가구의 증가, 여성 경제 활동 인구의 증가, 심지어 아파트 도면에서 주방의 비율이 축소되고 있다는 사실과 젊은 층일수록 식탁에 놓는 반찬의 가짓수가 적어진다는 사실도 발견했다. 이 세부적인 정보들이 가리키는 하나의 메시지는 결국 '가정 편의식이 한때의 유행이 아니라 대세로 자리 잡고 있다'라는 것이었다. 식생활의 확장이라는 바구니가 담고 있는 '질문'이었다.

팀장은 팀원들로부터 세부 분석과 조사 결과를 받으며 바구니별 메시지를 다듬는다. 그러다 보면 결국 산업과 회사를 둘러싼 복잡한 환경 변화들 사이에서 우리는 딱 바구니 수만큼, 또는 바구니당 두세 가지 정도의 핵심적인 메시지에 도달한다. 바구니는 대상과 문제의 주요 사항을 빠짐없이 담을 수 있도록 설계된다. 그리고 각 바구니에는 세부 분석의 결과로 도출된 핵심 메시지가 붙여진다. 바구니에 메시지를 붙일 때 팀장은 철저히 세부 사항에 집착하지 않고 자신이 주장하고 싶은 메시지를 붙이기 위해 복잡한 사실들을 관조해야 한다. 이것이 팀장으로서 전체 그림을 탑다운으로 조망하면서도, 핵심을 짚어내는 과정이다.

## 더 멀리 보는 팀장의 버드아이뷰

팀장에게 바구니 만들기는 매우 일상적인 일이다. 바구니는 트렌드 같은 현상을 분류하는 유형일 수도 있고, 어떤 일을 추진하기 위한 계획의 단위일 수도 있다. 또는 5가지로 정의된 일의 핵심 성공 요인일 수도 있고, 보고서가 제안하는 문제 해결 방법의 유형일 수도 있다.

팀장은 곤충을 머리, 가슴, 배로 나누는 것처럼 모든 현상을 대할 때 복잡한 현상의 구성 요소들을 어떤 바구니로 분류할지를 습관적으로 고민해야 한다. 그 고민의 경험이 쌓일수록 팀장은 더 빠르고 쉽게 팀원들에게 나만의 바구니를 제시할 수 있을 것이다.

# 매가 사냥하듯,
# 핵심 가설에 집중한다

모든 일을 할 때는 자원의 제약이 따른다. 동원할 수 있는 인력의 수도 제한이 있고, 무엇보다 일에서 타이밍만큼 중요한 것은 없기에 주어진 시간도 큰 제약 조건이다. 이러한 이유 때문에 팀장은 팀원들에게 주어진 문제를 해결하기 위한 핵심 가설을 제시하고, 이 가설을 중심으로 추가적인 분석에 자원을 집중해야 한다.

이는 매의 사냥 방식과 비슷하다. 매는 먹잇감을 찾기 위해 높은 하늘을 빙글빙글 돌며 전체 사냥 공간을 조망한다. 그러다가 먹잇감의 움직임을 포착하면 매섭게 목표를 향해 돌진한다. 유능한 팀장은 활공하는 매처럼 핵심 가설이 무엇일지 전체를 조망하며 생각하다가, 그 가설을 발견하면 팀의 한정된 자원을 거기에 집중할 줄 안다.

## 핵심 가설부터
## 찾아라!

—

신임 팀장이 된 후배에게 자신이 작성한 업무 계획을 임원들에게 보고하기 전에 검토해달라는 부탁을 받았다. 회사가 고민 중인 중요한 신사업에 관한 계획을 세우는 게 업무 계획의 목표였다. 계획은 잘 정돈되어 있었다. 신사업 검토를 위해 다루어야 하는 내용들은 일목요연하게 유형화되어 있었다. 하지만 무엇인가 폐부를 찌르는 매력이 없었다.

"플레인 바닐라 같아요." 솔직한 피드백을 위해 입을 열었다. 바닐라는 아이스크림의 가장 기본적인 맛이다. 때문에 어떤 색다른 맛의 첨가 없이 가장 기본적인 요소만 담고 있는 것을 바닐라 맛 아이스크림에 비유해 '플레인 바닐라'로 부른다.

"팀장의 계획은 단순한 업무 계획에서 끝나면 안 되죠. 가설이 필요해요. 이 업무를 추진하는 동안 무엇을 중점적으로 검토하고자 하는지, 이 업무의 결과로 무엇을 얻고자 하는지가 중요해요. 결국 팀장

**36** 팀장의 관점

은 업무의 진행이 아닌 성과를 책임져야 해요. 어떤 성과가 나올지 보이는 계획이 모두를 안심시킬 수 있고, 팀원들이 선택과 집중을 할 수 있게 도와줘요. 가설이 설령 틀렸다는 것을 알게 될 지라도요."

팀장은 팀이 함께 다루어야 하는 문제를 가장 직관적으로 이해할 수 있는 바구니를 만들고, 파편화된 정보들을 바구니에 나누어 담는다. 컨설턴트들은 이 과정을 '구조화'라고 부른다. 구조화란 복잡한 문제나 상황을 체계적인 방식으로 이해하고 분석하는 과정이다. 하지만 문제를 단지 구조화만 해서는 너무 많은 분석 내용과 제시 가능한 해결책 중에서 중요한 내용을 가리지 못해 허우적거릴 가능성이 높다. 진짜 중요한 팀장의 일은 정보들을 나누어 담은 바구니에서 가장 핵심적인 가설이 무엇인지를 찾아내는 것이다.

핵심 가설 찾기는 다른 정보 또는 주장보다 더 근원적이거나 더 큰 영향력을 차지하는 것이 무엇인지를 발견하는 일이다. 파레토 법칙Pareto's Law을 흔히 이야기한다. 파레토 법칙은 이탈리아 인구 중 20%가 전체 부의 80%를 가지고 있다고 주장한 경제학자 빌프레도 파레토Vilfredo Pareto의 이름에서 따온 것으로, 전체 결과의 80%가 전체 원인의 20%에서 일어나는 현상을 의미한다.

바구니에 정보들을 담았다면 그중 전체 문제의 80%의 큰 영향을 끼치는 20%의 핵심 원인이 무엇인지를 고민하는 것이 팀장의 일이 되어야 한다. 그리고 그 핵심 가설에 팀의 자원이 집중되도록 유도할 수 있어야 한다.

핵심 가설 찾기를 어려워하는 신임 팀장들의 모습을 자주 목격한다. 그 이유는 분명하다. 팀장이 되기 전 실무자로서 꼼꼼하게 각 세부 사항을 살피고 분석해 팀장에게 보고하는 일에 익숙하기 때문이다. 분석은 하면 할수록 더 핵심적인 이유와 더 많은 현실의 제약 조건을 발견한다. 유통업의 매출이 하락하는 원인을 지역별로 분석했다면, 그 지역마다 상품별 매출이 어떻게 변했는지 확인하고 싶어진다. 지역과 상품 기준의 등락을 보았다면 또 매장별, 고객군별, 영업 담당자별 등 수없이 많은 기준으로 들여다보고 싶어지게 마련이다.

## 지금까지와는
## 무엇이 다른가?

—

핵심 가설을 찾는 데 도움을 주는 몇 가지 질문이 있다. 그중 하나는 '지금 일어나고 있는 현상은 과거와는 무엇이 핵심적으로 다른가?'라는 질문이다.

토스를 비롯한 핀테크 회사들은 최근 신용평가업에 적극적으로 뛰어들고 있다. 신용평가업에 뛰어든 회사는 고객의 데이터를 수집해 개인의 신용도를 판단하고, 이를 은행에 제공한다. 그리고 은행은 제공된 신용도를 근거로 그 사람에 대한 대출 한도와 금리를 결정한다. 많은 전통 금융 회사의 임원들은 핀테크 회사들이 신용

평가업에 진출하는 이유와 그로 인한 영향을 궁금해했고, 실제로 나는 개인적으로 많은 질문을 받았다.

이 질문에 답하기 위해 많은 조사와 분석이 따랐다. 하지만 결국 핵심 가설을 정하도록 도와준 것은 핀테크 회사가 꿈꾸는 신용평가업은 전통적인 신용평가업과 무엇이 다른지 비교해보는 일이었다. 국내에는 대표적인 2개의 신용평가 회사가 존재한다. 금융 소비자라면 대부분 두 회사가 평가한 신용도를 근거로 금융 거래를 한다. 그러나 일반 소비자들에게 두 회사의 이름은 생소하다. 두 회사는 일반 소비자가 아닌 금융 회사를 위한 서비스를 제공하기 때문이다.

그러나 핀테크 회사는 태생이 금융 소비자들에게 서비스를 제공하는 모바일 앱 회사다. 전통 신용평가사와 달리 이들은 소비자와 직접 소통할 수 있는 앱을 제공하고 있다. 전통 신용평가사가 금융 회사를 위해 존재했다면, 핀테크 회사가 만들어갈 새로운 신용평가업은 소비자를 위해 존재한다는 것이 내가 내린 근본적인 변화의 가설이었다. 핀테크 회사는 더욱 적극적으로 소비자들에게 신용 점수를 개선할 수 있는 제안들을 앱을 이용해 전할 수 있다. 그리고 개선 결과를 토대로 소비자의 이익을 위해 소비자와 금융 회사 사이에서 더 나은 대출 조건을 대리 협상하는 사업자로 성장할 수 있다. 이 변화가 가장 중요할 것이라는 게 내 가설이었다.

# 미래는
# 어떻게 변할까?

—

두 번째 질문은 '미래는 어떻게 변할까?'다. 현실의 문제가 복잡한 이유는 서로 얽히고설킨 이해관계와 제약 조건들이 있기 때문이다. 만약 우리에게 타임머신이 있어서 미래로 갈 수 있다면 지금의 환경들이 발목을 잡지 않는 온전한 미래의 방향성을 찾을 수 있을 것이다. 그러나 현실에서 팀원들은 분석과 실무의 바닷속에서 허우적거릴 때가 많다. 그렇기에 팀장은 핵심 가설을 짚어내기 위해 타임머신이 있는 것처럼 행동해야 한다. 문제를 풀 수 없게 만드는 제약 조건이 없다고 생각해보자. 정말로 그런 미래에 이 문제는 어떤 형태를 띠고 있을 것인지 예상해보자.

예를 들어보자. 보험은 복잡한 금융 상품 중 하나다. 보험 상품을 설계하는 보험 설계사는 고연봉의 전문직일 만큼 일반인이 이해하기에 어려운 내용을 다룬다. 그렇기 때문에 시험을 통과하고 자격을 취득한 보험 설계사만 보험을 판매할 수 있다. 보험 설계사는 건강 상태, 연령과 가족 관계, 소득과 가족의 병력까지 종합적으로 판단해 소비자에게 필요한 상품을 제시한다. 예금이나 대출처럼 금리 비교만 하면 되는 간단한 금융 상품들이 비대면으로 판매되는 오늘날, 보험만큼은 여전히 오프라인에서 판매되는 비중이 압도적으로 높다.

그렇다면 과연 미래에도 그럴까? 보험 판매의 온라인 전환이 다른 상품보다 더딘 이유는 복잡한 보험 상품을 소비자에게 딱 맞게 설계하려면 그 소비자에 대한 많은 정보가 필요하기 때문이다. 보험 설계사는 이런 정보를 소비자와 직접 만나며 수집할 수 있다. 앞서 언급된 정량적인 정보 외에도 소비자가 어떤 위험을 대비하고 싶어 보험에 가입하는지, 보험료를 납부할 여력은 얼마나 되는지 등 감정과 상황으로 이해해야 하는 정보도 많다.

이런 사고 과정을 거친 후 나는 온라인으로 더 많은 소비자 정보를 얻을 수 있는 미래가 온다면 지금 현실의 제약 조건들이 사라지고, 보험도 온라인으로 판매하는 시대가 올 것이라는 핵심 가설을 세울 수 있었다. 이로써 팀이 가장 우선순위를 두고 분석해야 하는 영역을 정한 것이다. 팀은 고객 데이터를 둘러싼 규제, 기술, 기타 환경적 변화들을 중점적으로 분석하기 시작했다.


## 그래서
## 무엇을 해야 하는가?

—

도움이 되는 마지막 질문은 '그래서 무엇을 해야 하는가?'다. 이 질문은 이전의 질문들보다 조금 더 직접적으로 가장 중요한 해결책이 무엇인지에 집중하도록 만든다. 한 신생 온라인 푸드 커머스 업체의 프로젝트를 수행했을 때 해당 회사는 큰 위기에 빠져 있었다. 다양한 식품군으로 사업을 확장했지만 무리한 투자로 현금은 바닥

나고 적자는 지속되었다. 처음 프로젝트에 착수했을 때 나는 내부 직원들을 만나 이야기를 듣고, 구매하는 고객들의 데이터를 들여 다보며 가장 핵심적인 문제가 무엇일지 고민했다.

조사를 할수록 느껴지는 것은 다각화된 여러 식품 사업 유형들이 제각기 움직인다는 것이었다. 먼저 제품군별로 이를 소비하는 고객층이 달랐다. 가족이 있는 사람들이 선호하는 제품군이 있는 가 하면, 혼자 식사하는 싱글이 선호하는 제품군도 있었다. 제품군 별로 갖추어진 제품 공급 방식, 운영 체계, 배송되는 시스템이 모 두 달랐다. 여러 제품군이 시너지를 내기보다는 각기 따로 놀며 회 사 전반에 큰 비효율을 만들고 있었다. 직원들은 회사가 지향하는 비전이 무엇인지 혼란스러워했고, 자신들의 서비스에 대한 확신을 잃어갔다.

회사의 문제를 드러낸 분석 결과를 보며 나는 '그래서 무엇부터 해야 하는가?'라는 질문에 답하는 것이 중요하다는 것을 감각적으 로 느꼈다. 잠정적으로 결론 내린 핵심 가설은 단 하나의 가장 중요 한 제품군을 중심으로 서비스와 회사를 재정비하자는 제안이었다.

이 제안은 물론 많은 세부 내용을 담고 있지만 핵심적인 메시지 로 요약하자면 단 30초 안에 말할 수 있을 정도로 명료했다. 최고 의사결정권자와 엘리베이터를 함께 탄 30초 안에 당신의 주장을 설득할 수 있는가? 컨설턴트들은 이 핵심 내용을 엘리베이터 피치 elevator pitch라고 부른다.

"지금 회사가 위기를 맞이한 이유는 내부 정비 없이 무리하게 제품군을 확장했기 때문입니다. 우리의 제품군들은 각기 다른 고객을 바라보고 있습니다. 운영하는 방식도 달라서 심각한 비효율을 초래하고 있습니다. 여러 분석 결과를 확인한 저는 우리가 가장 중요한 제품군을 중심으로 회사를 재정비해야 한다고 생각합니다. 선택과 집중이 필요한 시점입니다."

## 더 멀리 보는
## 팀장의 버드아이뷰

먹잇감을 포착하듯 핵심 가설을 발견했다면 이 가설이 맞는지 검증하기 위해 팀의 한정된 자원을 집중해야 한다. 단, 이는 가설일 뿐이라는 사실 또한 중요하다. 명료한 핵심 가설을 세우는 이유는 선명하게 찬반 토론을 하기 위해서다. 가설은 찬반을 만들고, 토론이 가능하도록 해준다. 모든 가능성을 검토하기보다 하나의 가장 중요한 가능성을 찾아내 끝까지 분석하고 토론하는 게 중요하다. 처음의 가설이 잘못되었다면, 첫 먹잇감을 어쩔 수 없이 놓쳤다면 다시 높은 하늘로 올라가 새로운 먹이를 찾아 나서면 된다. 높은 하늘과 먹이를 쫓는 활주를 자유롭게 반복하도록 팀을 유도하는 것이 팀장으로서 가져야 하는 버드아이뷰다.

PART 2

일을 마무리 짓는 관점

문제를 해결하고
일을 마무리할 수 있는가?

"팀장이 되고 난 후 가장 답답한 순간이 있어요. 일을 진행하던 팀원이 어떤 문제에 가로막혀 있는데 제가 도와줄 수 없다고 느낄 때죠. 도와주려면 팀원이 하던 일을 처음부터 다시 내가 검토해야 할 것처럼 느껴지는데, 그건 또 제가 원하는 위임이 아니거든요."

팀원이 풀지 못해 끙끙대는 문제를 한눈에 슬쩍 보고도 완벽한 답을 제시하는 모습을 꿈꾸는가? 분명 많은 경험과 전문성이 쌓이면 적어도 3할 타율의 에이스 타자처럼 10번에 3~4번은 훌륭한 답을 제시할 수 있게 될 것이다. 하지만 그런 위치에 도달하려면 관점에 대한 훈련이 필요하다. 팀장의 일은 모든 질문에 완벽한 답을 주는 것이 아니다. 새로운 관점의 질문을 던져 팀원이 일을 풀어갈 수 있는 활로를 찾도록 돕는 것에 가깝다.

"팀원에게 새로운 관점을 주는 게 팀장의 일이에요. 새로운 관점은 좋은 질문에서 탄생해요. 한 가지 훈련 방법이 있다면 타로 카드로 점을 보듯이 질문 카드를 만들어 가지고 다니면서 문제 상황을 마주할 때마다 꺼내는 거예요."

타로 점은 78장의 카드 중 몇 장을 무작위로 뽑아 카드가 나타내는 상징들을 이용해 문제 상황을 재해석하는 것이다. 세상의 문제는 셀 수 없이 다양해서 몇 장의 타로 카드로 다 해석할 수는 없다. 다만, 카드는 복잡한 문제를 그 상징에 비추어 새로운 관점으로 볼 수 있게 도와준다. 나는 실제로 처음 팀장이 되었을 때 팀원과 다른 새로운 관점을 제시할 수 있는 몇 가지 질문들을 만들고 이를 한 장씩 카드로 만들었다. 때로는 새로운 질문이 담긴 카드가 추가되기도 했다.

팀원이 막힌 문제를 마주했을 때 나는 이 카드들을 들추며 근본적인 질문을 던졌다. 타로 점이 독자의 인식과 경험을 만나 비로소 완전히 해석되듯 팀장으로서 던진 질문들은 답 자체를 제공하기보다 팀원이 한 번 더 고민해볼 수 있는 해석의 여지를 제공했다.

시간이 지날수록 질문들은 점점 나 스스로에게 체화되어 이제는 카드 없이도 그 상황을 돌파할 수 있는 적절한 질문들을 던질 수 있게 되었다. 질문 카드는 초보 팀장이 실무자의 관점을 벗어나 팀장의 기술을 익힐 수 있게 도와주는 좋은 보조 도구였다.

# 실무보다 좋은 질문으로
# 팀을 이끈다

팀을 이끌기 위해 팀장은 어떤 전문성을 갖추어야 할까? 팀원보다 업무를 더 빨리 처리할 수 있어야 할까? 아니면 팀원의 질문에 무엇이든 답할 수 있는 지식백과여야 할까?

산업의 변화가 빠르다면 팀장은 새로운 지식을 습득하는 데 팀원보다 뒤처질 수도 있다. 정보를 습득하는 것 외에 달리 신경 쓸 일이 많기 때문이다. 팀장은 팀원과 지식으로 경쟁하기보다 지식을 지혜로 바꾸어줄 수 있는 관점을 갈고 닦아야 한다. 새로운 관점은 중요하고 희소한 재능이다. 그러면 새로운 관점을 가지는 방법이 과연 무엇일까?

한발 떨어져 상황을 조망할 수 있는 버드아이뷰는 이런 문제 상황에서 빛을 발한다. 팀원들이 일의 진척에 어려움을 겪을 때, 활로를 뚫어주는 중요한 질문들이 있다. 한 가지 문제 상황을 사례로 들어 팀장들이 바로 적용할 수 있는 네 가지 질문을 이야기해보자.

한 식품 제조사 컨설팅 프로젝트에서 임원이 이런 질문을 던졌다. "왜 해외 식품 제조사들이 온라인으로 직접 상품을 판매하는 이커머스E-Commerce를 운영하려 할까요?" 과거 식품 제조사들은 대형마트 같은 유통사에 판매를 의존하고 있었다. 그러나 최근 제조사가 직접 온라인으로 소비자에게 제품을 판매하는 D2CDirect-To-Consumer 채널들이 속속 등장하고 있다. 국내 제조사들도 자체 온라인 판매 채널 운영을 고민하고 있었고, 임원은 이 결정에 어떤 배경과 명분을 고려해야 하는지 궁금해했다.

## 철학자의
## 질문

—

버드아이뷰를 얻기 위한 첫 번째 질문은 '업의 본질'에 관한 것이다. 우리가 영위하는 산업의 본질은 무엇일까? 우리의 고객은 누구이고, 우리는 무엇을 하는 회사인가? 이 단순한 질문은 너무 기초적이라고 생각할 수 있다. 그래서 진지하게 이 질문을 던져보는 이

**49**

는 드물다. 하지만 기초적이기 때문에 가장 깊이 있는 성찰이 이루어진다. '업의 본질이 무엇인가?'라는 질문은 철학자의 관점을 더해준다. 내 앞에 있는 우리 회사의 문제 상황에 파묻히지 않고, 산업 전반과 산업이 걸어온 어제와 오늘의 역사를 이루는 본질을 조망할 수 있게 도와준다.

소비재 제조사의 사례로 돌아가 생각해보자. 유통 구조를 고려했을 때 제조사의 본질은 무엇일까? 제조사는 본질적으로 B2C<sup>Business to Consumer</sup>가 아닌 B2B<sup>Business to Business</sup> 회사의 유통 구조다. 일반 소비자들은 광고로 제조사의 브랜드와 제품에 익숙해지지만 실제 구매는 대형마트를 비롯한 유통 매장에서 일어난다. 이러한 이유 때문에 제조사들은 유통사와의 관계가 중요했다. 유통 매장에 제품을 어떻게 더 많이 비치할 수 있을까를 고민하는 것이 본질이었다. 본질이 이렇다 보니 소비재 제조사들은 고객과 직접 만나는 접점이 없다. 우리 제품을 누가, 얼마나 구매하는지에 대한 정보를 알 길이 없는 것이 명확한 한계다.

삼성은 역사적으로 '업의 본질에 관한 질문'의 중요성을 가장 잘 이해하고 있는 기업이다. 그 사례를 1990년대 삼성전자의 해외 진출을 이끈 인물인 이명우 동원산업 부회장의 경험에서 엿볼 수 있다. 당시 삼성전자의 새로운 성장 엔진인 컴퓨터 사업의 유럽 시장 판매를 맡고 있던 그는 유럽 사업장을 방문한 이건희 전 회장으로부터 질문을 받는다. "가전제품 영업하던 사람들이 컴퓨터 영업을 잘하겠는가?"

이에 이명우 부회장은 업의 본질에 대한 자신의 이해를 답했다. "제가 이 일을 해보니 가전제품 영업이 건어물 장수라면, 컴퓨터 영업은 생선 장수쯤 되는 거 같습니다." 제품의 수명주기가 짧은 컴퓨터 산업의 특성상 판매 방식이 달라야 한다는 본질에 대한 이해가 담긴 답이었다. 이건희 전 회장은 단박에 그의 관점을 이해하고 영업 활동에 힘을 실어주었다고 한다.

## 상인의
## 질문

—

철학자의 질문은 업의 본질이 무엇인지 한발 떨어져 근본적인 원리를 조망하게 한다. 이와 반대로 우리가 딛고 선 현실을 직시하는 관점의 질문도 필요하다. 이것을 '상인의 질문'이라고 하자. 상인의 관점을 이끌어내는 질문은 '왜 지금인가?'다.

흔히들 하늘 아래 새로운 것은 없다고 말한다. 아이디어가 얼마나 독창적인지보다 중요한 것은 아이디어의 시의성이다. 과거에도 분명 누군가가 같은 생각을 했을 텐데, 그때는 이 아이디어가 틀렸지만 지금은 맞는 이유는 무엇이란 말인가? 그 아이디어는 왜 과거와 달리 지금 중요한가? 과연 어떤 변화가 있었기 때문인가?

소비재 제조사들이 '지금' 자사 온라인 채널 확보를 고민해야 하는 이유는 브랜드 인지도 경쟁 시대의 종말에 있다. 과거 소비재 제조사들은 막대한 광고 예산을 집행해 브랜드 인지도를 먼저 확보했다. 그러면 브랜드를 인지한 소비자들이 마트에서 더 익숙한 브랜드를 선택하게 할 수 있었다. 그러나 온라인 시대에서 똑똑해진 소비자들은 검색과 리뷰, 알고리즘을 확인해 자신에게 더 적합한 제품을 선택하고 있다. 여기에 이마트 노브랜드 같은 유통사의 PB<sup>Private Brand</sup> 상품은 가성비로 소비자들을 공략하고 있다. 이에 소비재 제조사들이 인지도 확보를 위해 선택하던 TV 같은 전통 미디어는 영향력을 잃고 있다.

벤처 투자자들에게도 '왜 지금인가?'라는 질문은 중요한 투자 결정 기준으로 다루어진다. 알토스벤처스<sup>Altos Ventures</sup>는 쿠팡, 토스 등 국내 대표적인 유니콘 기업들을 초기부터 발굴한 최고의 벤처 투자사다. 알토스벤처스는 자사 블로그에 자신들의 다양한 투자 결정 기준을 밝히고 있다. 그 기준에는 시장 성장성, 팀의 역량 등 상식적인 기준들과 같은 비중으로 '타이밍'이 자리 잡고 있다.

같은 아이템이라도 타이밍이 성패를 결정할 수 있다. 같은 동네 사람들끼리의 중고 거래를 도와주는 플랫폼인 당근마켓과 비슷한 아이디어는 과거에도 많았다. 하지만 당근마켓이 세상에 나왔을 당시 페이스북이 위치 기반 광고 상품을 출시했다. 판교에 사는 사람만 대상으로 페이스북 광고를 할 수 있게 된 것이다. 당근마켓 창업자 김재현 대표는 이 변화의 타이밍이 당근마켓의 가장 중요한 성공 요인이었다고 말한다.

# 역사가의
# 질문

—

현재는 언제나 과거와 연결되어 있다. 과거에는 없었던 문제가 지금 나타난다면 우리는 과거로부터 흘러온 산업과 일의 맥락을 한 발 떨어져 조망해보아야 한다. 영국의 역사학자 에드워드 카Edward Carr는 『역사란 무엇인가』에서 "역사란 현재와 과거의 끊임없는 대화"라는 명문장을 남겼다. 우리는 역사가의 관점으로 현재 나타난 문제에 영향을 미친 역사를 파악하고 해석해야 한다. 유능한 팀장은 현재의 문제를 해석할 때 팀원들에게는 없는 과거의 경험으로부터 의미 있는 역사를 끄집어낸다. "지금 일어나는 일과 유사한 일이 과거에 있었는가? 과거와 지금이 달라진 부분은 무엇인가?"

과거부터 현재까지에 그치지 않고, 현재에서 미래로 선을 더 이어보는 것도 필요하다. 우리가 역사를 배우는 이유는 역사적 사실로부터 지혜와 통찰을 얻기 위함이다. 지혜와 통찰이 있는 사람은 변하지 않는 것과 변하는 것을 구분한다. 그리고 그 두 가지 가운데에서 미래를 본다. 물론 우리가 보는 미래는 틀릴 가능성이 더 높다. 그 미래가 올 것인지 아는 것은 어려운 문제지만, 언제 올 것인지를 아는 것은 주사위 놀음에 가깝다. 그러나 미래의 변화 방향에 대한 가설은 '일단 나아갈 방향'을 전해준다. 현명한 리더는 안개 속에 멈추어 있기보다 나아가며 방향을 수정한다.

역사적으로 식품 제조사들은 대중적인 제품의 대량 생산으로 성장해왔다. 경제가 성장하면서 식품 소비가 양적, 질적으로 팽창했다. 대량 생산은 이 성장에 가장 효율적으로 편승하는 방식이었다. 그리고 우리나라가 선진국으로 접어들면서 소비자들의 기호도 다양해지고 있다. 전문가들은 취향의 다양화와 기술의 발달이 '식품의 개인화'라는 미래를 가져올 것이라 전망한다.

여기서 개인화에 가장 필요한 것은 정보다. 고객의 데이터를 가장 효율적으로 얻을 수 있는 채널은 온라인이다. 식품 제조사는 B2B 산업의 본질로 인해 정보도 얻을 수 없고, 온라인 시장의 성장으로 인해 유통에서의 협상력도 소멸 중이다. 식품 제조사들은 이런 위기를 돌파하는 수단으로 고객을 온라인에서 직접 만나기 위한 투자를 집중하고 있다.

## 예술가의
## 질문

———

철학자, 상인, 역사가의 관점으로 하고 싶은 말을 정했다면 예술가의 질문은 이 정리된 메시지에 감각적인 포장을 더한다. 팀장은 팀과 경영진, 팀과 고객의 중간자로서 존재한다. 그리고 팀이 생각하는 메시지를 누군가에게 전달하고 설득하는 몫을 맡는다. 어떤 메시지를 전하고 싶은지 정하는 것만큼 메시지를 어떤 틀에 넣어 전달할지도 중요한 부분을 차지한다. 메시지가 잘 나뉜 틀에 맞게 정리되어 있을 때 청자가 더 쉽게 메시지를 이해할 수 있다.

'내가 알고 있는 사실들을 어떻게 전달할 것인가?' 위대한 팀장은 메시지를 정리하는 예술적인 완성도가 높아질수록 메시지 자체의 가치도 높아진다는 사실을 알고 있다. 이것은 하나의 이야기로 구성된다. 즉 이야기꾼의 질문이라 부를 수도 있다.

회사에서 일을 할 뿐인 팀장에게 다소 뜬금없지만 예술가가 되기를 권한다. 팀장이 되기 위해 예술적인 감각이나 재능을 길러야 한다는 의미는 아니다. 팀이 만든 성과를 더 효과적으로 전달하기 위해 탁월한 이야기꾼이 되는 것이 중요하다. 사람들은 이야기를 좋아한다. 재밌는 이야기에 울고, 웃는다. 사람들은 맥락이 없는 이야기라면 곧잘 까먹지만 잘 구성된 이야기는 잘 기억한다. 이제 질문을 던진 식품 제조사 임원에게 답할 시간이다.

"우리 식품 제조사는 다가올 미래를 위해 온라인에서 직접 소비자들을 만나야 합니다. 우리의 본질은 유통사에 제품을 공급하는 B2B 사업이었습니다. 소비자들의 데이터도 없고, 그들을 만날 방법도 없습니다. 문제는 미래의 소비자들이 더 맞춤화된 식품을 원할 것이라는 데 있습니다. 방대한 데이터와 고객 접점을 장악한 온라인 커머스들이 성장하는 미래에 우리의 설 자리는 더욱 좁아집니다. 따라서 식품 제조사는 네 가지 목적을 위해 디지털 투자를 펼쳐야 합니다. 1) 소비자들의 취향을 이해하고 큐레이션$^{curation}$ 하는 것, 2) 디지털 세상에서의 우리의 콘텐츠$^{content}$를 전하는 것, 3) 소비자들을 만날 커뮤니티<sup>community</sup>를 만드는 것, 4) 이를 활용해 제품을 소개하는 것<sup>commerce</sup>입니다. 이것을 저희는 4C 디지털 전략 목표라 부르겠습니다."

## 더 멀리 보는
## 팀장의 버드아이뷰

팀장이 전문성을 토대로 위 네 가지 질문의 답을 찾아가면 팀에 완전히 새로운 관점을 제시할 수 있다. 문제를 한발 떨어져 조망하는 팀장의 관점은 팀원들에게 새로운 생각의 물꼬를 틔운다. 철학자처럼 문제의 본질을 환기시킨다. 동시에 상인의 감각으로 문제를 둘러싼 주요한 변화를 일깨운다. 과거의 지식과 미래의 통찰을 연결한다. 그리고 통찰의 결과에 감각적인 붓질을 더해 전달력을 높인다. 컨설팅을 하다보면 빅데이터, AI 등 새로운 방법을 요구하는 고객들을 접한다. 그러나 전략은 도구의 변화가 아닌 관점의 전환에서 나온다. 팀장이라면 매일매일의 문제 상황에서 벗어나 하늘 높이 날면서 새로운 관점으로 문제를 내려다볼 줄 알아야 한다.

프랑스 소설가 마르셀 프루스트<sup>Marcel Proust</sup>는 말했다. "진정한 발견의 여정은 새로운 풍경을 찾는 데 있는 것이 아니라 새로운 관점을 가지는 데 있다."

# 길을 몰라도
# 이끌면서 길을 찾는다

우리는 한 치 앞도 예측할 수 없는 시대에 살고 있다. 매일 새로운 정보가 등장하고 사업 환경은 변화한다. 어제의 지식에 의존해 내일의 방향을 찾을 수 없을 정도로 세상의 변화가 빠르다.

그렇기에 오늘날의 팀장은 '알아야 한다는 압박감'에서 벗어나야 한다. 회사에서 아무도 가보지 않은 길을 처음 걸어야 하는 순간들이 불쑥불쑥 찾아온다. 처음 가보는 길에 앞장설 때 중요한 것이 있다. 바로 길을 잃어도 경로를 수정해 다시 나아가는 유연함이다. 이를 위해 기존의 경험과 지식을 벗어나 스스로 문제를 조망하고 해결하는 직관을 길러야 한다. 스스로를 교정할 수 있는 리더십은 불확실성 시대에 새로운 덕목이 되었다.

## 처음 접하는 일의 해결은
## 정확한 진단부터 시작한다

—

새롭게 컨설팅 팀의 팀장이 된 후배의 첫 고객사 미팅을 지원해준 적이 있다. 그는 아직 초보 팀장이라는 사실을 믿기 어려울 정도로 모든 질문에 빠르게 답변을 내놓았다. 내 도움이 필요하지 않을 정도였다. 하지만 놀랍게도 미팅이 끝나고서 그는 멍한 표정으로 나를 바라보며 말했다. "제가 무슨 말을 하고 나온 건지 하나도 기억이 안 나요." 누군가 질문을 했고, 자신이 답을 해야 한다는 책임감이 있었고, 그는 별다른 사고의 과정 없이 답을 내놓기에 바빴던 것이다.

"부담을 내려놔요. 아무 말 기계가 되지 맙시다. 우리는 말 자판기가 아니에요."

처음 접하는 일과 환경에 걸어 들어갈 때 우리는 전지전능해야 한다는 압박감을 벗어야 한다. 경영 컨설턴트는 종종 '사기꾼 증후군'에 시달린다. 컨설턴트를 고용하는 이유가 해답을 구하기 위해

서이기 때문이다. 누구나 모든 일을 알 수 없음에도 불구하고 팀장들은 답을 알고 있을 것이라는 기대의 눈빛을 받는다. 하지만 유능한 팀장들은 오히려 자신이 아직 모른다는 사실을 기꺼이 인정한다. 수치심과 창피함을 느끼는 것은 당연하다. 이런 일시적 감정을 이겨내는 용기에서부터 진실을 향한 탐험이 시작된다.

압박감을 벗어나는 방법은 지금 마주한 문제가 새로운 문제임을 인정하고 주어진 환경을 진단하는 것이다. 새로운 문제에 대한 답을 요구받을 때 "지금 문제의 원인은 면밀히 분석해보아야겠지만…"이라는 대답으로 받아칠 수 있어야 한다. 사람은 누구나 무의식적인 긍정 강화positive reinforcement를 가지고 있다. 과거에 성공을 가져다준 방식을 반복하면 이번에도 성공할 것이라 믿는다. 그러나 기존의 해법을 새로운 문제에 적용하는 것은 도움이 되지 않는다. 새로운 문제를 다루는 일은 문제의 실체를 파악하는 것부터 출발해야 한다.

우리는 기상천외한 논리로 범죄를 밝혀내는 셜록 홈스Sherlock Holmes의 추리력과 통찰력에 감탄하며 소설에 몰입한다. 홈스의 사건 조사는 늘 사체에서 출발한다. 그는 사체와 범죄 현장을 면밀하게 살피며 다양한 가설을 세운다. 새로운 정보를 알아내면 기존의 가설과 조합하며 새롭게 나아간다. 명탐정인 홈스는 다른 사람보다 더 능숙하게 조사하고 가설을 만든다. 여기서 그는 문제를 밝혀내기 위해 과거의 경험이 아닌 '지금 조사된 정보'에 의존한다.

카카오뱅크가 진단한 은행 업계의 현실은 시중 은행들이 고객에게 매우 불편하고 어려운 존재라는 사실이었다. 지금은 누구나 쉽고 빠르게 스마트폰으로 원하는 것을 얻을 수 있는 시대다. 그러나 은행은 여전히 어려운 금융 용어들을 고객에게 강요하고 있었다.

은행이 바뀌지 않은 이유가 무엇일까? 그것은 변화를 거부한 은행의 문제이기도 했지만 '은행이라면 어렵더라도 전문적인 신뢰가 필요하지'라는 소비자의 생각 때문이기도 하다. 바로 '지금의 정보'를 정확히 진단한 카카오뱅크는 '같지만 다른 은행'이라는 슬로건을 내세웠다. 대형 은행들처럼 신뢰할 수 있는 금융 서비스라는 이미지를 잃지 않고 소비자의 관점에서 쉽고 빠르고 편하게 은행 서비스를 받을 수 있다고 풀어내 이야기한 것이다.


## 모르는 문제에 대해
## 직관으로 답을 찾는 방법

—

진단으로 상황을 이해했다면, 해결책을 찾는 과정은 직관을 활용해야 한다. 기존의 지식과 경험에 의존할 수 없는 상황일수록 더욱 그렇다. 파산 직전의 자동차 회사 제너럴 모터스General Motors를 당시 최대 기업으로 성장시킨 기업인 앨프리드 슬론Alfred Sloan은 자신의 전기 『제너럴 모터스와 함께 한 나의 삶My years with General Motors』에서 "비즈니스 의사결정의 최종 단계는 당연히 직관"이라며 그 중요성을 강조했다. 기업의 모든 영역을 분석하고 체계화시킨 전문가가 객관적인 진단의 다음 단계로 직관을 언급한 것이다.

팀장은 마주한 문제가 어떤 특성을 가지고 있는지 먼저 이해해야 한다. 웨일스대학교의 교수 데이비드 스노든David Snowdon은 「커너빈 프레임워크Cynefin Framework」 논문에서 세상의 문제 상황은 단순하거나, 난해하거나, 복잡하거나, 혼란스럽다는 네 가지 상황 중 하나에 속한다고 이야기한다. 첫 번째로 단순성의 영역은 우리에게 익숙하며 잘 알려진 답이 있는 문제다. 두 번째는 난해성의 영역으로 자동차 조립법처럼 방대하지만 예측가능한 질서가 있다. 세 번째는 복잡성의 영역으로 아마존 열대우림처럼 예측할 수 없는 상황이 불시에 나타난다. 네 번째는 테러와 산불처럼 예측 불가능한 혼란이 연이어 발생하는 혼란성의 영역이다.

난해한 상황을 마주할 때 우리는 '어렵다'라는 느낌을 받는다. 이는 먼저 긍정적인 신호로 받아들여도 괜찮다. 그만큼 우리의 경험이나 역량을 넘어서는 도전적인 문제를 풀고 있다는 의미이기 때문이다. 어려운 문제에 대한 해결책은 집단지성이나 또 다른 전문성에서 받을 때가 많다. 적극적으로 문제를 팀원들과 공유해 함께 고민하고 이 분야의 전문가에게 도움을 구해야 한다. 가끔 단순한 문제를 유독 어렵게 생각하고 있는 것이 문제 해결을 가로막을 때도 있다. 이럴 때는 한발 떨어져 시간을 가진 후 단순하고 여유롭게 접근하는 것이 좋다.

복잡한 상황은 우리에게 '복잡하다'라는 불편한 감정을 준다. 대체로 복잡함 속에는 어려움과는 다른 어둡고 부정적인 면이 있다.

우리가 만약 아마존 열대우림에 있다면 어디로 가야 할지, 어떤 위험이 도사리고 있을지 모르는 불안에 시달린다. 현실에서 이러한 불안은 주로 이해관계나 사람이 엮인 문제에서 비롯된다. 문제 자체도 어렵지만 이 문제에 엮여 있는 다른 문제들이 나의 마음을 불편하게 만든다. 이럴 때는 부수적으로 얽혀 있는 복잡한 이해관계를 떼놓고 문제의 본질과 가장 중요한 해결 포인트가 무엇인지를 냉정하게 고민해보는 직관이 중요하다. 난해하고 어려운 문제는 단순하게, 복잡한 문제는 냉정하게 대하는 직관을 발휘하자.

## 운동으로 체력을 기르듯
## 직관도 훈련할 수 있다

———

이토록 중요한 우리의 직관은 훈련으로 키워낼 수 있는 것일까? 수학계의 노벨상이라 불리는 필즈상의 수상자 허준이 서울대 교수는 "직관이 우리도 모르는 사이에 조금씩 진보한다"라고 이야기한다. 새로운 실험 기기가 발전하는 다른 과학 분야와 달리 수학은 상대적으로 실험 기기에 의존하지 않고 인간의 직관으로 문제를 해결한다.

어제까지만 해도 풀지 못했던 문제를 오늘 다시 생각해보니 완전히 똑같은 '나'라는 사람이 외부의 새로운 정보나 개입 없이 풀어내는 상황들이 수학에서는 존재한다. 나도 모르는 사이에 매일의 고민이 두뇌의 수많은 불규칙적인 연결의 조합들을 만들어낸다. 그리고 우리가 의식하지 못한 순간 결정적인 연결이 일어난다. 때문에 허 교수는 마음껏 실험하고 생각하며 직관을 길러낼 것을 조언한다.

나에게는 직관 훈련에 도움을 준 중요한 방법이 있다. 결정하기 전에 예측을 기록하고 결과와 대조해보는 것이다. 보고서를 쓰거나 상사를 설득해야 한다면 상대가 좋아하거나 우려할 포인트를 예상해 기록하자. 어떤 주제를 깊이 조사해야 한다면 먼저 가설을 기록하자. 영업 실적을 내야 한다면 이번 달 예상되는 실적을 예상해 기록하자. 그리고 결과를 확인했을 때 보고의 결과, 조사 내용, 실제 실적과 미리 기록했던 예상과의 차이를 비교해본다. 예상이 빗나갔다면 '왜 빗나갔을까?'에 대한 고민을 쌓아가면서 더 정교한 직관으로 나아갈 수 있다.

대략적인 '수의 감각'을 활용하는 것은 두 번째 훈련법이다. "이 보고서의 최종 실행 과제는 8~12개 정도 나오면 좋겠네요." "이런 일의 기대효과라면 매출의 3~5% 정도로 잡는 게 좋겠네요." 팀장들은 종종 어떤 일이 구체적으로 추진되기 전에 팀원에게 중요한 결과물의 대략적인 범위를 숫자로 설정한다. 그러면 작업물의 최종 형태에 대한 기대치를 팀원과 효과적으로 맞출 수 있다.

이런 숫자는 과거의 유사한 사례나 경험에서 나오기도 한다. 때로는 게스티메이션Guesstimation을 이용하기도 한다. 게스티메이션은 어림짐작을 의미하는 'Guess'와 'Estimation'의 합성어다. 보고서의 실행 과제는 우리 팀원 4명이 각자 2~3개씩 맡는다면 우리 팀의 총 과제는 8~12개가 나오겠다는 빠른 짐작을 게스티메이션이라 한다.

직관은 모든 것을 한 번에 꿰뚫어 보는 통찰력이 아니다. 정교하게 다듬어진 직관이란 심사숙고하는 과정에서 생겨난다. 어려운 결정을 내릴 책임 앞에서 위대한 팀장들은 겸손해진다. 문제를 다각도로 깊게 사유하고 반추해볼 때 문제의 본질을 이해할 수 있다. 많은 종교에서 깨달음에 이르기 위해 수양하듯, 결정을 앞두고 깊이 사색하는 팀장의 고독한 시간이 길어지기 마련이다. 사색도 해본 사람이 할 수 있다. 사색하는 고독에 익숙해지는 훈련도 필요하다. 그리고 사색하기에 가장 적합한 자신만의 공간과 시간을 찾는 것도 좋다. 누군가는 걸을 때, 누군가는 시끄러운 곳에 있을 때, 누군가는 깊은 밤 홀로 조용히 시작할 때 내면의 답을 구한다.

## 더 멀리 보는
## 팀장의 버드아이뷰

17세기 수학자 블레즈 파스칼Blais Pascal은 지식이 둥근 구sphere와 같다고 이야기한다. 구는 부피가 커질수록 구 밖의 알려지지 않은 영역과의 접촉면도 함께 증가하기 때문이다. 경력을 쌓고 팀장이 되면 아는 것이 많아진다. 앎의 축적은 세상에 자신이 모르는 영역이 더 많음을 인정하는 과정이기도 하다.

팀장은 모르는 길을 나아갈 용기를 모르는 것을 인정하는 데서 찾는다. 객관적으로 상황을 진단하고, 지식보다는 인간적인 직관을 활용한다. 그리고 직관의 훈련으로 모르는 길을 찾아가는 전문가로 나날이 성장한다.

# 모든 책임은
# 팀장의 앞에서 멈춘다

한 초기 스타트업의 전략기획팀 운영을 얼마간 도와주었을 때의
일이다. 그 스타트업은 좋은 제품을 출시해 빠른 성장을 이루고 있
었다. 다만, 조직이 커질수록 조직의 모든 세세한 일을 알고 챙기
던 CEO가 한계에 부딪히기 시작했다. 조직 전반의 운영을 위해
전략기획팀을 만들었고 좋은 인재들을 뽑았지만 어쩐지 CEO가
기대했던 기획 기능은 잘 작동하지 않았다. 여전히 팀과 사업부들
은 제각기 움직였고, 자연스레 전략기획팀으로 모인 인력들은 동
기가 훼손되었다.

나는 이 팀의 역할이 안정되기 전까지 임시 팀장을 맡기로 했다. 그리고 새로운 팀장을 만난 전략기획팀에 생기가 돌기 시작하는 데까지 그리 긴 시간이 걸리지 않았다. 소극적으로 사업부를 대했던 팀원들은 적극적으로 현장을 파고들어 해결사로서의 역할을 톡톡히 해냈다. 이런 경험이 쌓이다 보니 전략기획팀의 위상은 '귀찮은 존재'에서 '도움을 주는 조력자'로 바뀌었다. 단시간 내에 일어난 변화에 CEO는 만족과 함께 당혹스러움을 표현하며 변화의 비결을 물어왔다.

"팀에 필요한 것은 필요한 결정을 해주는 사람이었어요. 그들의 능력이 부족한 것도, 의욕이 없는 것도 아니었습니다. 제가 한 것은 기대 수준을 명확히 전달하고, 그 수준에 도달했을 때는 필요한 결정을 미루지 않고 해주는 거였어요. 결정해주고, 책임져주는 사람이 있다는 사실이 팀원들에게 큰 힘이 된 거 같습니다. 저는 리더로서 결정하는 일을 피하지 않았어요. 리더가 누구냐에 따라 똑같은 조직이 전혀 다른 성과를 낼 수 있는 이유입니다."

새로운 일을 시작하면 모든 것이 빠르게 흘러간다. 0%에서 80%까지 채우는 일은 비교적 쉽다. 하지만 일의 과정을 한발 떨어져 조망하다 보면 일이 지지부진해지는 시점이 생긴다. 80%에서 100%까지 채워가려면 이 지지부진함이라는 병목을 넘어야 한다. 병목은 주로 결정이 내려져야 하는 시점에 발생한다. 충분한 자료가 조사 되었고, 더 이상의 조사는 큰 의미가 없을 때 팀장은 다음 작업을 위한 결정을 내려야 한다. 결정과 책임을 미루면 일은 병목에 갇혀 마무리되지 못하고 빙글빙글 제자리에서 맴돈다.

유능한 팀장은 책임을 떠넘기지 않는다. 모든 책임이 자신에게 있음을 알고 이 책임에 최선을 다하기 위해 노력한다. 그래야 제대로 일을 마무리 지을 수 있다.

## 팀장이 결단해야 하는
## 순간은 언제인가?
—

팀장은 자신의 결정이 필요한 순간을 감각적으로 인식한다. 어떤 결정을 하느냐는 곧 성과와 직결된다. 어린 시절 미로 찾기를 하듯 분기점에서의 결정에 따라 우리는 다른 길을 걷는다. 분기점을 만나지 않더라도 이 일을 계속 추진해야 하는지, 그만 멈추어야 하는지 결정하는 것도 중요한 결정이다. 이러한 결정에는 적절한 타이밍이 존재한다. 위대한 팀장은 '내가 언제 나서야 하는가?'를 항상 생각한다. 그리고 그 순간이 되면 최고의 전문성을 발휘해 의사결정의 과정으로 들어간다.

물론 팀의 모든 결정을 팀장이 내리는 것은 아니다. 그러나 어떤 형태로든 팀장은 팀원들의 결정에 관여하고 있다. 팀장이 팀원에게 의견이나 자료를 제시하는 것도 결정에 관여하는 일이다. 준비된 대안에 대해 함께 토론하는 과정 또한 팀원이 더 나은 결정에 이르도록 관여하는 일이다. 팀원이 결정한 사항이나 결정을 요청한 사항도 검토해 승인하거나 거부한다. 이처럼 팀장의 모든 활동은 결정과 관련되어 있다. 팀장은 절대 '팀원이 결정한 일이라 나는 모른다.' '내가 지시한 일이 아니다'라는 말로 어물쩍 넘어갈 수 없다.

팀장의 의사결정이 필요한 순간은 언제일까? 첫 번째는 일의 배치상에서 팀장의 의사결정이 병목으로 위치할 때다. 팀장이 의사결정을 미루거나 하지 않음으로써 팀원들의 일에 지연이 발생해서는 안 된다. 두 번째는 그 의사결정을 위한 정보와 전문성을 팀장이 가장 많이 가지고 있을 때다. 특히, 팀장과 팀원 사이에 정보의 비대칭이 존재하는 때가 있다. 팀원에게 공개되지 않은 정보를 팀장이 가지고 있을 때 팀원에게 결정을 요청해서는 안 된다. 물론 반대로 팀원이 더 많은 정보를 가졌을 때는 팀원의 결정을 팀장이 신뢰하고 승인해야 할 때도 있다.

팀 송년 회식 장소 예약과 매일 점심 메뉴를 고르는 상황을 비교해보자. 두 가지 상황은 결정에 필요한 정보의 종류가 다르다. 팀 송년 회식 장소를 고르기 위해 우리는 메뉴 외에도 예산 수준, 독립 공간 여부 등 회식 진행의 적합성을 고려한다. 이런 정보는 팀원보다 팀장에게 더 많이 있을 수 있다.

팀장은 통상적인 예산 범위를 알고 있다. 다년간의 회식 경험으로 회식에 필요한 공간도 잘 이해하고 있다. 팀장은 모호한 정보 위에서 팀원이 고민하게 해서는 안 된다. 회식 장소 결정은 팀원들의 의견을 받아 팀장이 결정하는 것이 효율적이다. 반면 점심 메뉴를 정할 때 우리는 주변의 갈 만한 식당, 어제 먹은 메뉴, 그 식당이 얼마나 붐비는지 등을 따진다. 이런 정보는 팀장과 팀원 사이에 큰 차이가 없기에 팀원에게 전적으로 위임해도 좋은 결정이다.

## 좋은 결정을 내리기 위한
## 특별한 방법이 있다

—

팀장이 주도해야 하는 의사결정은 전략적인 포기를 필요로 한다. 선택은 곧 다른 하나의 포기를 뜻한다. 모든 측면에서 완벽한 결정은 없기 때문이다.

선택의 분기점에서 팀장은 의사결정의 기준을 명확히 세워야 한다. 그리고 그 기준 중 무엇이 더 중요하고, 덜 중요한지 우선순위를 정해야 한다. 더 중요한 기준을 충족하는 대안을 선택하기 위해 덜 중요한 기준에서 완벽한 대안을 포기해야 한다. 여기서 포기할 권한은 성과를 책임지는 팀장에게 있다. "무엇을 하지 않을 것인지를 정하는 것이 전략의 핵심이다." 이는 현대 경영학의 대가 마이클 포터Michael Porter 하버드경영대학원 교수의 말이다.

의사결정의 기준을 만들었다면 팀장은 팀원들로부터 여러 정보를 수집한다. 대안들이 각 기준에 부합하는지를 파악하기 위해서다. 이때 중요한 것은 팀원들의 의견이 아닌 '사실'에 집중해서 물어보아야 한다는 것이다. 팀장이 팀원에게 의견을 구하면 팀원은 자신의 에고ego를 개입시킨다. 팀원은 팀장에게 무능한 사람으로 보이고 싶어 하지 않는다. "이 프로젝트가 성공할 가능성이 얼마나 된다고 생각하나요?"라는 팀장의 질문에 팀원은 객관적인 답을 하기 어렵다.

팀장 스스로 의사결정을 하기로 했다면 팀원들에게 이 사실을 분명히 밝혀야 한다. 팀장들은 종종 팀원의 기분을 살피며 솔직하게 말하지 못한다. 그 결정이 팀원에게 나쁜 영향을 줄 때 더욱 그렇다. 중요한 프로젝트를 어떤 팀원에게 맡길지 고민하는 상황을 가정해보자. 종종 팀장들은 팀원에게 "누가 이 일을 맡으면 좋을까요? 어떤 의견이 있으세요?"처럼 선택권이 있는 것처럼 말한다. 그러나 팀장이 결정할 문제라면 한마디를 덧붙여야 한다. "최종적으로 내가 결정할 테니 따라주면 좋겠어요." 결정된 바에 대해서는 논의의 여지를 남겨서는 안 된다. 내가 결정권자라는 사실을 확실히 이야기해야 한다.

책임감을 가지고 의사결정을 내리는 팀장은 자신만의 확고한 입장이 있어야 한다. 모든 정보를 알고 있지 않아도 가설을 세우고 그 가설에 근거한 입장을 정리한다. 물론 가설은 변할 수 있다. 그러나 입장이 없는 팀장의 모호한 모습은 팀에 혼란을 준다. 독일의 작가 토마스 바셰크Thomas Vasek는 『팀워크의 배신』에서 이런 리더의 모습을 '헛소리꾼'이라 부른다.

헛소리는 언어적으로 이미 합의의 분위기를 조성한다. 모든 사람이 모호한 미사여구를 남발한다면 진정한 토론은 불가능하다. 헛소리는 근본적으로 아무것도 의도한 바가 없기 때문에 비판의 칼날을 들이댈 곳이 없다.

## 결정하는 것만큼 실행으로 증명하는 게 중요하다

—

팀장은 맡은 업무의 전문가이자 리더로서 성과에 대한 책임을 진다. 책임을 지는 것은 좋은 의사결정을 하는 것으로 끝나지 않는다. 오히려 의사결정은 일을 시작하기 위한 첫걸음일 뿐이다. 중요한 것은 결정 이후다. 내려진 결정을 중심으로 팀을 결집시켜 순도 높은 에너지를 실행에 쏟아야 한다. 경영학의 아버지 피터 드러커 Peter Drucker의 말처럼 "옳고 그른 것 중 하나를 고르는 일은 극히 드물다. 기껏해야 '거의 옳다'와 '거의 틀리다' 중의 결정이다." 대부분의 대안은 51%의 장점과 49%의 단점이 있다. 완벽한 결정은 없다. 완벽한 결정으로 만들어가는 과정이 있을 뿐이다.

결정이 만장일치로 이루어질 수 없기 때문에 팀장은 팀원 중 누군가는 동의하지 않는 결정을 내릴 수밖에 없다. 이때 팀장은 자신의 결정이 완벽하지 않다는 것을 인정해야 한다. 그리고 이를 팀원들에게 솔직하게 말해야 한다. 우리가 내린 결정은 답을 찾아가는 긴 항해에서 첫 항로의 방향을 정한 것이다. 잘못된 결정이라는 정보가 나타난다면 조정이 필요하다는 것도 분명히 해야 한다. 다만, 우리가 정한 항로가 목표로부터 얼마나 벗어나 있는지 빨리 확인할수록 좋고, 그 방법은 배에 탄 모두가 같은 방향으로 힘차게 노를 젓는 것이라는 사실을 이야기해야 한다.

팀장이 자신의 결정을 조정하거나 변경하기를 두려워하면 안 된다. 그러기 위해 팀장은 결정과 계획에 감정을 결부시켜서는 안 된다. 자신의 결정이 잘못되었다는 증거를 확인하면 자존심 따위는 내려놓아야 한다. 언제든 유연하게 결정을 바꿀 수 있어야 한다. 유연한 태도는 우유부단하다는 태도와 다르다. 책임감을 가지고 결정을 내리고 팀을 힘차게 지휘하며 똑바로 나아가되, 결정을 고쳐야 하는 증거를 보면 적극적으로 반응한다. 자존심을 지키기 위해 결정을 번복하지 않는 멍청한 일을 하지 않는다. 팀장의 이런 태도를 마주할 때 팀원들은 동의하지 않는 결정에도 헌신한다.

미국 제33대 대통령 해리 트루먼Harry Truman의 집무실 책상에는 "모든 책임은 내 앞에서 멈춘다!The Bucks Stops Here!"이라 적힌 명패가 올려져 있었다. 반대편에는 '나는 미주리 출신이다'라는 글귀가 있다. 미주리 주의 별칭인 Show-Me State(나에게 결과를 보여달라는 뜻이다)를 활용한 언어유희다. 리더는 책임을 지고, 책임을 지는 사람은 결과를 보여주어야 한다는 의미를 담고 있다. 책임이란 결과를 입증하는 것이다. 좋은 결정에서 만족하지 않고, 결과로 좋은 결정이었음을 증명하는 것이 팀장의 삶이다. 책임 있는 전문가로 살기를 선택한 사람들의 운명이다.

## 더 멀리 보는
## 팀장의 버드아이뷰

책임을 맡은 팀장이라면 '내 뒤에는 아무도 없다'라고 생각하는 편이 좋다. 물론 팀장의 위에도 책임질 상급자가 있다. 그러나 자신이 자기 세계에 속한 모든 것의 주인이라는 생각을 할 때 평범한 팀장이 아닌 위대한 팀장으로 거듭날 수 있다. 결정해야 하는 순간을 인식하고, 이 책임을 미루지 않아야 한다. 모든 것을 만족시키는 결정은 없다. 무엇인가를 포기해야 한다. 내려진 결정 아래에 팀을 결집시켜 옳은 결정임을 입증해야 한다.

미국 최강의 특수부대 네이비씰의 리더십을 소개한 책 『네이비씰 승리의 기술』의 저자 조코 윌링크<sup>Jocko Willink</sup>는 이를 "극한의 오너십"이라고 표현했다. 그리고 "최고의 리더는 자신이 맡은 일에 대한 책임을 넘어 자기 임무에 영향을 미치는 모든 것에 극한의 오너십을 갖는다"라고 말했다.

이 말에 따르면 팀장은 팀에서 일어나는 어떤 일이든 그 책임으로부터 자유로울 수 없다. 내가 맡은 팀과 조금이라도 연관된 일이라면 '그건 내 책임이 아니야'라고 말할 수 없다는 의미다. 다른 부서 때문에 일 처리가 늦어지는 것, 내 상사의 무능과 무책임함도 팀장 스스로가 해결해야 하는 문제다. 이것이 더욱 높이 날며 넓게 조망하는 버드아이뷰가 팀장에게 중요한 이유다.

# 성공하는 임원 보고는
# 전략이 있다

회사의 많은 일이 보고로 마무리 지어진다. 문제를 해결하기 위한 새로운 관점을 제시하고, 일의 여러 분기점에서 강한 책임감으로 결정을 해왔다면 이제는 진짜 일의 마무리를 지을 때다. 공장장이 생산 공정을 잘 관리했다면 불량이 없는 양품이 기한에 맞추어 생산되었을 것이다. 하지만 일의 프로세스와 생산 공정에는 중요한 차이가 하나 있다. 생산 과정 중에 고객과 조율하며 고객의 요구에 맞추어 제품이 만들어져야 한다는 것이다.

늘 성공적인 보고를 하는 팀장들은 귀신같이 핵심을 꿰뚫는다.

그 비결은 팀장들이 백발백중의 명사수이기 때문이 아니다. 보고 대상자를 이해하고, 보고 내용을 보고 대상자와 함께 조율한다. 그렇기에 보고 대상자는 보고를 받기 전부터 이미 보고 내용을 알고 있으며 잠재적으로 동의하고 있기 때문에 실패할 수가 없다. 좋은 보고를 위해서는 일을 진행할 때부터 마지막 순간까지 함께 조망하는 버드아이뷰가 필요하다.

## 이기는 군대는 전쟁에 나아가기 전에
## 이겨놓고 싸운다

—

"승병勝兵은 선승이후구전先勝以後求戰이라." 이기는 군대는 전쟁에 나아가기 전에 이겨놓고 싸운다고 『손자병법』에서 이야기한다. 보고도 마찬가지다. 성공하는 보고의 성패는 이미 보고하기 전에 결정되어 있다. 보고받을 사람과 모든 조율 과정이 끝나 있기 때문이다.

보고는 새로운 내용을 논의의 테이블에 올려놓는 회의와 다르다. 성공하는 팀장은 임원이 알고 싶어 하는 것, 달성하고 싶은 목표를 이미 파악하고 있다. 때로는 변화하는 임원의 의중을 따라가며 보고 예정인 내용에 대한 그들의 생각을 미리 수집하고 있다. 보고는 깜짝 발표가 아닌, 지금까지 조율된 내용을 정리하는 시간이다.

세계적인 미래학자 다니엘 핑크Daniel Pink는 자신의 저서 『파는것이 인간이다』에서 조율의 중요성을 강조했다. 다른 사람의 마음을 움직이기 위해 가져야 하는 가장 중요한 자질 중 하나로 '조율'을 꼽은 것이다. 사람은 상대와 내가 조율되어 있다고 느낄 때 호기심을 품는다. 편안한 마음으로 마음을 열고 이야기를 듣는다. 임원의 의중에 무조건 찬성하는 이야기만 하라는 것이 아니다. 불편한 지점을 파고들어 반대해야 하는 상황도 언제나 있다. 다만, 그 반대 의견마저도 사전 조율을 거쳐 전달되어야 한다.

성공적인 보고를 위해 팀장은 먼저 자신이 보고할 내용을 잘 이해해야 한다. 이는 당연한 이야기지만, 자신이 무슨 말을 하는지 모르면서 보고 자리에 서 있는 모습을 종종 보기도 한다. 또 한 가지 보고자가 잘 이해해야 하는 것이 있다. 바로 보고받는 상대다. 우리는 상대가 내 말을 이해하지 못하면 상대를 비난한다. 상대가 충분한 지식이 없거나 내 주장을 받아들이고 싶지 않기 때문에 말을 안 듣는다고 생각한다. 하지만 우리 스스로가 상대를 잘 이해한 상태에서 메시지를 전달하고 있는지를 먼저 고민하는 것이 더 생산적이다.

국내 대형 은행에서 디지털 혁신을 주제로 수행한 컨설팅 결과를 보고하는 자리에 섰을 때다. 은행 CEO부터 모든 고위 임원들이 참석했다. 나는 팀장으로서 여러 경로로 CEO의 마음을 읽어내려 했다. 직접 이야기를 나누기도 하고, CEO의 최근 인터뷰를 찾아 보기도 했다. CEO는 늘 소비자 중심 시각을 강조했다. 소비자들이 더 나은 디지털 서비스를 요구함에도 불구하고, 요지부동인 조직에 충격을 가하고 싶어 했다.

그날의 보고 내용은 '소비자들이 우리에게 요구하고 있는 것'에 초점이 맞추어졌다. 구체적인 디지털 혁신 실행 방안의 비중을 줄이고 소비자의 목소리를 적나라하게 담아냈다. 자신의 생각이 철저히 조율된 보고에 CEO는 박수치며 만족해했다. 임원들은 구체적인 실행 계획에 대한 질문을 던질 때마다, 도리어 CEO가 직접 "지금 중요한 것은 소비자들의 목소리다!"라고 이야기해줄 정도였다.

## 사람의 마음을
## 분할해 점령하라

———

팀장은 프로세스의 관리자로서 팀의 업무가 목표한 대로 흘러가도록 만들어야 한다. 동시에 일의 결과가 성공적인 보고로 끝나도록 임원의 생각과 팀의 작업 사이를 끊임없이 조율해야 한다. 일이 추진되려면 결국 누군가의 확신에 찬 결정이 필요하기 때문이다. 이 과정은 상대방의 마음 점유율$^{mind\ share}$을 조금씩 장악해 가는 것이라고 볼 수 있다. 일에 대해서 팀이 가지고 있는 가설들을 나누어서 하나씩 임원에게 던져본다. 각 가설에 대한 임원의 반응을 살피며 무엇에 동의하는지, 무엇에 동의하지 않는지 확인한다.

팀과 임원이 모두 동의하는 부분은 하나의 구축된 진지로 볼 수 있다. 그리고 점령하지 못한 또 다른 진지를 탈환할 계획을 세워야 한다. 하나씩 쪼개서 점령해가는 '분할정복Divide & Conquer' 전략이다. 팀과 임원의 생각이 다른 부분은 새로운 접근이 필요하다. 더 상위의 목표를 생각했을 때 팀의 의견이 반드시 관철되어야 한다면 상위 목표를 명분 삼아 임원을 설득한다. 또는 의견 가운데에서 양쪽 모두 동의하는 작은 지점을 찾아 절충안을 마련하거나, 제3의 대안을 제시할 수도 있다. 중요한 것은 이 모든 과정이 보고 전에 이미 이루어져 있어야 한다는 것이다. 사전 조율로 임원의 마음 속 모든 진지를 점령해놓아야 한다.

실력 있는 팀장은 일상적인 조율에 탁월하다. 일상에서 상대에게 가볍게 질문과 의견을 툭툭 던진다. 이를 이용해 상대의 의중을 파악하고 새로운 정보를 획득한다. 그리고 지금 자신의 생각을 상대방에게 자연스럽게 전달해 익숙하게 만든다. 처음에는 반대하던 의견도 익숙함에 젖어 들면 마음의 벽이 무너져 동의하게 된다.

그리고 일을 효율적으로 추진하기 위해 설계도를 그려서 일이 진행되는 일정들도 조율한다. 설계도는 마지막에 올릴 지붕으로부터 거꾸로 짜여 있기 때문에 항상 최종적인 목적을 정확하게 바라보고 있다. 훌륭한 관리자는 이 모든 것을 통제한다.

10년 전만 해도 '담배 피는 자리에서 중요한 대화가 오간다'라며 선배들은 흡연을 종용하고는 했다. 나는 흡연을 하지 않기에 그 자리에서 실제로 어떤 이야기가 오가는지 잘 모른다. 하지만 추측건대 당시의 유능한 팀장들은 담배를 피우며 사전 조율을 했을 것이라 생각한다. "제가 이런 생각을 갖고 일을 하고 있는데 어떻게 생각하세요?" "이 문제에 접근할 때 이렇게 생각해볼 수 있지 않을까요?"라는 식으로 의중을 떠보며 하나씩 진지를 점령하기에 부담 없는 자리였을 것이다. 팀장에게는 지나가는 말로 상대를 떠볼 수 있는 자신만의 사전 조율 전략이 필요하다.

## 임원 앞에 설 때 가져야 하는 태도가 있다

—

"김 팀장님, 저희 사장님이 무서운 분이세요. 역정을 내실 수도 있으니 마음의 준비를⋯."

고객사 대표를 상대로 컨설팅 프로젝트 착수 보고를 앞두고 고객사 담당 팀장이 조심스럽게 언질을 주었다. 회사는 대표 이사가 이야기하면 모두 수첩을 꺼내어 적기만 하는 분위기였다. 대표 이사는 지난 세월 동안 기업을 성공적으로 이끌어온 분이었다. 성공은 늘 자기 확신을 만든다. 자기 확신을 맹종하는 리더들은 권위적으로 자신의 의견을 고집한다. 사람들은 자연스럽게 그런 리더들에게 복종하고 그를 두려워하게 마련이다.

팀장의 관점

"매출이 하락하는 게 고민이시군요. 영업 조직의 기강이 해이해 졌기 때문이라고 느끼셨으니, 그 문제를 최우선적으로 조사해보 겠습니다. 대표님이 회사를 가장 잘 이해하고 계실 테니까요. 하지 만 말씀하신 것처럼 그 문제가 반드시 영업 조직의 잘못만은 아닐 수 있습니다. 오프라인에서 구매하던 고객들이 온라인으로 넘어 갔기 때문일 수도 있고, 고객들이 선호하는 상품의 트렌드를 쫓아 가지 못했기 때문일 수도 있습니다. 그 외에 여러 가설들을 세워볼 수 있을 테고, 무엇이 핵심 원인인지 찾고 정확하게 보고드릴 수 있도록 하겠습니다."

대표의 의견에 대꾸하는 내 모습을 보며 나에게 경고했던 팀장 은 순간 움찔했다. '감히 내 말에 대꾸를 해?'라는 불호령이 떨어지 지는 않을까 전전긍긍하는 모양새였다.

하지만 나는 팀장 정도 되는 사람이라면 진짜 사업 성과와 문제 를 책임져야 하는 임원 앞에서 어떻게 말하고 행동해야 하는지 알 고 있었다. 실제로 대표는 나를 처음 대면하는 자리였기에 미심쩍 은 표정을 짓기는 했지만 '객관적으로, 처음부터 검토해보라'라며 격려해주었다.

임원에게 신뢰받는 팀장들은 무조건적인 복종의 태도를 보이 거나 두려움을 가지지 않는다. 임원을 두려워하는 순간 그의 이성 적인 대화 상대가 되어주기 어렵기 때문이다. 우리 뇌에서 불안과 두려움을 느끼는 편도체는 우리가 두려움을 느끼면 화학물질인 코티솔cortisol을 유도한다. 두려움은 곧 생존과 연결된다. 즉 코티솔은 생존과 무관한 뇌와 신체 기능을 둔화시키고 생존 본능을 극대화시킨다. 이때 우리는 창의력과 이성적 사고력을 함께 잃어버린다. 임원을 숲에서 만난 맹수처럼 두려워하는 순간 우리는 도망가는 토끼밖에 될 수 없다.

팀장들은 임원에게 두려움 대신 연대 의식을 느껴야 한다. 동시에 복종의 대상이 아닌 파트너로서 대하는 태도를 보여야 한다. 임원들도 사람이다. 우리와 똑같이 사람으로서의 욕망과 두려움을 느낀다. 임원을 절대적인 복종의 대상으로 여기면 그의 취약점과 약한 고리를 읽어낼 수 없다. 그의 마음속에 있는 이루고 싶은 야망, 피하고 싶은 공포, 듣고 싶은 이야기에 나의 주파수를 맞추어야 한다. 그러기 위해서는 그를 같은 사람으로, 함께 사업을 고민하는 파트너로 여겨야 한다. 약한 동물이 함께 뭉쳐 맹수에 대항하듯 우리 뇌는 타인과 연결된 감정을 느낄 때 두려움을 억누른다. 임원에게 연결된 감정을 느끼기 위해서는 그를 파트너로서 대하는 태도가 필요하다.

경영 컨설턴트들은 임원들의 상담가로서 기업 경영 활동을 자문한다. 임원들은 한 기업에서 산전수전을 겪으며 최고의 자리까지 오른 사람들이다. 그만큼 성공에서 비롯한 자기 확신이 강하다. 컨설턴트들은 이런 임원들에게 전문가로 인정받기 위해 '겸손하게 거만하라'라는 태도를 교육받는다. 전문성에 대한 자신감으로 무장한 채 적극적으로 대화를 이끌어가되, 그 태도는 정중 하라는 의미다. '나는 우리가 가진 공통의 비전을 달성하기 위해 당신과 굳건한 관계를 맺고 함께 고민하고 싶습니다'라는 생각으로 팀장은 임원의 가장 가까운 대화 파트너가 되기 위한 태도를 갖추어야 한다.

임원을 복종의 대상이 아닌 파트너로 대하는 것은 흔히 말하는 주인 의식, 주인 된 태도와도 연결된다. 중국 당나라 시대 기록된 『임제록』에 "수처작주 입처개진隨處作主 立處皆眞"이라는 말이 나온다. "어디에서든 주인 된 마음을 가지면, 가는 곳마다 진리의 세계가 된다"라는 뜻이다. 주인 된 태도를 갖는 사람은 누군가와 주종 관계에 있을 수 없다. 주인만 가질 수 있는 절박함과 책임감을 받아들일 수 있다. 우리는 분명 회사의 주인이 아니다. 그러나 우리 삶에 있어서는 각자가 주인이다. 각자의 삶에서 주인인 사람은 복종의 태도를 보이지 않는다.

## 임원마다의
## 스타일

—

나는 경영 컨설턴트로서 수많은 임원 보고를 경험해왔다. 성공하는 보고의 가장 중요한 조건은 임원에게 불안함을 주지 않는 것이다. 심리학자 엘렌 랭어Ellen Langer는 연구 논문인 「통제의 환상The illusion of control」에서 사람이 불안할 때 통제력을 행사한다고 주장한다. 사람은 자신이 결과를 통제할 수 있다고 믿는 경향이 있다. 그러나 상황이 예측 불가능해지고 이로 인해 스트레스가 높아지면 우리는 주변에 휘둘린다는 느낌을 받는다. 그러면 우리는 통제력을 늘려 무기력감을 줄이려고 한다. 권력을 휘두르거나, 지시적이거나 독재적으로 변한다. 좋은 팀장은 좋은 보고 전략으로 임원이 불안해하지 않도록 관리한다.

보고에서 임원에게 일방적으로 의견을 구해서는 안 된다. 보고에는 반드시 상황과 해법이 담겨 있어야 한다. 모든 임원들은 해결책을 찾고 대처하는 팀장과 일하고 싶어 한다. 임원에게 의견을 구하는 것은 일이 시작되기 전 또는 중간중간 진척 상황을 공유하는 자리에서 이루어져야 한다. 그리고 정식으로 보고할 때는 반드시 팀이 제시하는 해법이 담겨야 한다. 지금 상황에서 어떤 해법의 대안들이 있는지, 가장 좋은 해법을 찾기 위한 대안들의 비교 기준은 무엇인지, 비교 결과 팀이 생각하는 최상의 대안은 무엇이고 그 이유는 무엇인지가 분명히 담겨 있어야 한다.

임원의 성격에 따라 같은 내용도 보고 전략이 달라야 한다. 임원 중에는 말하는 것을 좋아하고 아이디어가 많은 실행형 임원이 있다. 이런 임원들에게 보고할 때는 도발적인 메시지를 던져보면 좋다. 논리적인 분석의 결과로 도출된 해법을 메인디쉬로 제공하되, 다소 과감하고 논쟁적인 요소를 디저트로 준비한다.

"분석 결과와 해법은 여기까지입니다만, 한번쯤 생각해볼 만한 어려운 문제가 있습니다. 이 문제는 함께 토론해보면 좋겠습니다."

한발 더 나아간 논쟁은 임원으로 하여금 '이놈 봐라?'라는 흥미를 느끼게 한다. 그러나 반대로 철저한 분석형 임원들이 있다. 주로 CFO(최고재무책임자)나 CHRO(최고인사책임자)와 같은 직책의 임원들이 이에 해당한다. 앞서 설명한 실행형 임원들이 '더 나은 대안이 없을까?'의 문제로 불안해한다면, 분석형 임원들은 '충분한 검토가 이루어졌을까?'의 문제로 불안해한다. 이러한 이유 때문에 분석형 임원에게 이루어지는 보고는 면밀한 분석의 결과가 강조되어야 한다. 핵심 내용을 중심으로 보고하되 예상 질문에 대한 충분한 근거 자료를 따로 준비해야 한다.

## 더 멀리 보는
## 팀장의 버드아이뷰

영화 <월터의 상상은 현실이 된다>는 평범한 주인공의 엉뚱한 상상이 모두 현실에서 구현되는 초현실적인 상황을 그린다. 누군가 한 사람이 당신이 무엇을 상상하든 그것을 눈앞에 가져다준다고 상상해보자. 먹고 싶은 맛을 모호한 언어로 대강 설명해도 최고의 음식을 만들어준다. 당신의 일을 자신의 일처럼 발 벗고 열정적으로 나선다. 당신의 걱정을 귀신같이 알고 대신 해결해준다. 그 사람은 당신에게 귀인과도 같은 사람일 것이다. 당신도 임원에게 그런 존재가 될 수 있겠는가?

PART 3

# 위임의 관점

일의 프로세스는 설계하고
운영은 맡길 수 있는가?

"고민이 있어요. 제가 최근에 회사에서 '베스트 야근 상'을 받은 거 아시죠? 팀장이니까 내가 가장 열심히 일 하는 게 당연하다는 생각도 들지만, 가끔은 이게 맞나 싶기도 해요. 하지만 지금까지 늘 이렇게 열심히 일하며 살아와서 다른 방법을 선택하기가 어려운 거 같네요."

후배 팀장의 고민이었다. '베스트 야근 상'이라는 이름이 짓궂기는 했지만 당시 사람들은 '그래, 저분은 정말 열심히 일하지'라는 경외를 담아 박수를 보냈었다. 그래서 그런 개인적인 고민을 한다는 사실을 눈치채지 못했다.

"음, 그러면 왜 팀장이 된 후로도 야근을 많이 하고 있으세요?"
"솔직히 말하면 제가 편하기 위해서죠. 역설적이지만, 일을 팀원에게 맡기면 결과가 어떻게 돌아올지 모르잖아요. 일을 시키기 위해 설명하는 데도 시간과 에너지가 들고, 결과가 마음에 안 들면 결국 제가 다시 해야 해요. 시간이 2배는 드는 일이죠. 처음부터 제가 하면서 손을 보태주면 좋을 만한 것들만 팀원들에게 지시해요. 그러다 보면 팀원들의 일이 저보다 빨리 끝나죠."

"아! 저도 처음 팀장이 되었을 때 비슷한 고민을 한 적이 있어요. 그런데 결론부터 말하면 팀장님은 지금 의도적으로 태업해야 해요! 내가 자리를 비워도 큰일 나지 않는다는 경험을 축적해야 해요. 사람이 진짜 변하는 이유는 새로운 사실을 알게 되었기 때문이 아니에요. 지금까지와는 다른 행동을 조금씩 쌓아가고 그게 체화될 때 변하는 거죠! 저녁에 적극적으로 새로운 사람들과 약속을 잡으세요. 낮에는 잠깐 산책을 하세요. 물론 정말로 일을 안하고 노는 것은 아니죠. 팀원과 다른 팀장의 일은 책상 앞에서만 이루어지지 않아요. 팀원으로서 열심히 해오던 일을 의도적으로 태업해야 팀장의 일을 할 여유가 생겨요. 이제부터 팀장의 일을 하세요. 그게 무엇인지 함께 이야기해볼까요?"

# 통찰력은 철저히 통제된
# 프로세스의 결과다

우리는 통찰력 있는 답을 알기를 원한다. 어려운 문제 앞에서 '유레카!'를 외치는 짜릿한 순간을 상상한다. 하지만 통찰력은 갑자기 하늘에서 떨어지는 것이 아니다. 길고 지루한 업무 프로세스로 이어진 터널을 지나야 비로소 통찰력을 얻는다. 이러한 이유 때문에 팀장은 올바른 프로세스를 설계하고 지켜가야 한다. 하버드경영대학원 교수 조셉 바다라코Joseph Badaracco 또한 저서 『가장 좋은 의사결정을 하는 5가지 방법』에서 "어려운 문제일수록 프로세스에 집중하라"라고 이야기한다. 그리고 "흑과 백처럼 답이 명확하지 않은 회색 지대 문제에서는 프로세스가 매우 중요한데, 이는 자신이 옳은 선택을 했는지 알기 어렵기 때문이다. 문제를 해결하는 데 올바른 방식으로 임했는지 정도만 알 수 있을 뿐이다"라고 표현했다.

팀장이 되면 팀으로서 성과를 내겠다는 관점을 가져야 한다. 팀원이던 시절에는 '나의 일'이 중요했을 것이다. 오늘 내가 해야 하는 일의 목록을 적고 하나씩 지워가는 게 자연스러웠을 것이다. 그렇기에 혼자 일할 때는 특별히 프로세스를 중요하게 여기지 않는다. 어떤 순서로 일하든 어쨌든 내가 스스로 일을 통제할 수 있기 때문이다.

하지만 팀장이 되면 각 팀원이 각각의 단계에서 어떤 일을 하고, 어떤 결과를 내주어야 하며, 그것이 어떻게 다음 일이나 다른 팀원의 일로 연결되어야 하는지 등의 이해가 필요한 이 복잡한 일의 프로세스를 다룰 수 있어야 한다. 그러기 위해 팀장은 팀 내에서 돌아가는 전체 일을 버드아이뷰로 조망해야 한다.

## 나는 어떤 프로세스로
## 일하고 있는가?

—

대개 논리적인 프로세스로 일반적인 문제에 대한 답을 찾을 수 있다는 주장에는 쉽게 동의한다. 논리적인 프로세스로는 문제 정의, 원인 파악, 대안 제시 같은 순차적인 단계를 떠올릴 수 있다. 하지만 창의적인 문제 해결 방식 또한 기본적으로는 같은 구조다. 스탠포드대학교가 제창하는 창의적인 문제 해결 방법론 '디자인 씽킹'도 5단계의 프로세스로 구성된다. 한 가지 특징이라면 대안 제시에서 그치지 않고 빠르게 대안을 '프로토 타입(상품화 이전에 만드는 시제품)'으로 만들어 현장에서 테스트를 해보는 과정을 반복한다는 것이다.

좋은 팀장이 되려면 먼저 자신이 어떤 프로세스로 일하고 있는지부터 이해해야 한다. 우리는 모두 어떤 방식으로든 일을 하고 있다. 오랫동안 반복해온 일하는 방식에는 각자 나름대로의 패턴도 만들어져 있다. 우리가 그것을 의식하면서 일하지 않을 뿐이다. 팀장은 자신이 일하는 순간을 한 번쯤 관찰하고 복기해야 한다. 암묵적으로 체화된 자신의 프로세스를 정리해야 한다. 내 프로세스가 정리되어야 팀원들에게 그 프로세스를 따라올 것을 요청할 수 있다. 지금 우리의 업무가 그 프로세스 중 어떤 단계에 있으니 이런 일을 해달라고 보다 구체적인 지시를 할 수 있다.

자신의 프로세스를 정리해보면 대체로 정석적인 일하는 방식에 수렴한다. 초기 정보 수집, 가설 수립, 조사와 분석, 대안 개발과 보고 메시지 정리, 보고서 작업과 같은 교과서적인 흐름으로 정리된다. 각 단계에 들이는 에너지 비중은 개인의 성향과 일의 성격에 따라 다소 다를 것이다. 그럼에도 불구하고 정석을 아는 것과 실제 내가 일을 한 과정을 따져 정리해보는 것은 확연히 다르다. 팀이 일하는 프로세스는 팀장이 일하는 프로세스를 확장해놓은 것이다. 팀의 프로세스를 이해하고 장악하려면 내가 어떻게 일하고 있는지부터 알아야 한다.

물론 일을 하다 보면 프로세스는 틀어지기 마련이다. 그래도 프로세스를 부정할 수는 없다. 다만, 예기치 않은 변수가 나타나면 유연하게 반응하면서 프로세스를 앞뒤로 조정하거나, 다시 이전 단계로 돌아가 시작할 수도 있다는 마음의 준비가 필요하다. 이는 재즈 연주와 비슷하다. 재즈의 묘미는 즉흥 연주improvisation다. 이 단어는 '앞날을 내다볼 수 없다'라는 의미의 라틴어 'improvisus'에서 유래했다. 연주자들은 서로에게 반응하며 즉흥성을 발휘한다. 그러나 즉흥 연주가 가능한 이유는 연주자들이 이미 음악의 규칙과 구조에 익숙하기 때문이다. 기본 절차를 알아야 그것을 벗어난 즉흥성도 발휘할 수 있다.

## 정답이 없는 문제일수록
## 프로세스를 따라가라

—

보고서를 써야 하는 회사에는 정답이 없는 문제들이 있다. 고민이나 결정 없이 실행만 하면 되는 단순 반복적인 일이라면 보고서가 필요 없다. 간단히 실행의 결과만 기록하면 된다. 그런데 정답이 없는 문제들을 대할 때 우리는 창의적인 해법을 제시해야 할 거 같은 압박감을 느낀다. 창의적인 해법이 필요한 일이야말로 결론과 합의에 이르는 방법론이 중요하다. 이런 문제들은 때로는 관점의 문제로, 때로는 취향의 문제로 결정이 지지부진해진다. 모두가 같이 고개를 끄덕일 만한 결론이 없는 문제라는 것이다.

투자 대비 효익을 따지는 재무 분석으로 해결되지 않는 문제들이 주로 그렇다. 마케팅 문구나 슬로건을 정하는 일이 그렇다. 조직 구조를 정하는 것도 정답이 없다. 결정하기 전에 테스트를 할 수 있는 문제라면 좋겠지만, 바로 결정을 요하는 문제도 있다. 이럴 때 팀장이라면 합의에 이르는 방법론을 설계해서 논의의 폭을 좁혀야 한다.

먼저 우리가 정해야 하는 포인트들이 무엇인지 분명히 한다. 그리고 그 포인트마다 선택할 수 있는 대안을 정한다. 대안 중 선택을 할 때 중요한 기준이 무엇인지, 기준 간의 우선순위는 어떻게 할지 정한다. 이렇게 나누어진 작은 단위에서 하나씩 합의를 만든 다음 그 결정들의 조합이 곧 최종적인 합의가 되도록 한다.

지주사와 종속된 자회사의 권한을 결정하는 프로젝트에 투입된 적이 있다. 자회사는 프로젝트 내에서 자율권을 주장했고, 지주사는 적정한 통제를 원했다. 자유와 통제는 상충하는 가치이기에 현명한 합의가 필요했다. 권한의 문제는 언제나 첨예하게 대립할 수밖에 없다. 컨설팅팀은 문제 해결을 위해 우선 어떤 업무들이 있는지 확인했다. 상품 개발처럼 일상적인 업무부터 임원 선임, 신규 투자 집행 같은 간헐적인 업무도 포함되었다. 그리고 자회사의 권한 범위를 5단계로 정의했다. 자회사 완전한 자율권, 지주사에 사전 통지 필요, 지주사와 상의 필요, 지주사 승인, 지주사 완전한 통제권으로 단계를 나누었다.

기본적인 방법론을 정해놓으니 논의는 훨씬 간단해졌다. 논의에 참여하는 모두가 지금 어떤 업무에 대해 논의하고 있고, 이 업무에 대해 어떤 단계의 권한을 주장하고 있는지가 분명해졌다. 업무 성격마다 자율권 또는 통제권을 강화할 때 생길 수 있는 이점과 리스크를 하나씩 논의할 수 있었다. 그리고 업무마다 합의에 이른 것은 5개의 칸 중 하나를 색칠하듯 문제를 해결했다. 합의가 어려운 문제들이 남자 각자의 우선순위에 따라 조율하며 최종 결론에 이를 수 있었다. 첨예한 대립이 합의라는 결론에 도달할 수 있는 이유는 합의까지 함께 걸어가는 프로세스가 있었기 때문이다.

## 협업에도
## 프로세스가 중요하다
—

팀원들이 함께 역할을 나누어 보고서를 쓰거나 결과물을 만들어내는 협업에도 프로세스가 중요하다. 팀장이 어떻게 프로세스를 설계하고 관리하느냐에 따라 다른 성과가 나온다. 미국 인기 드라마 〈하우스House M.D〉는 2004년부터 8년에 걸쳐 8개의 시즌으로 방영 되었다. 이런 대작을 만들기 위해서는 1편당 약 10명의 작가가 함께 협업한다. 시리즈의 기획자 데이비드 쇼어David Shore는 이 창의적인 예술가들이 한 몸처럼 일할 수 있는 체계를 관리하는 것이 자신의 할 일이었다고 말한다. 작가들은 'Writers' Room'이라는 일하는 방식에 따라 각자의 역할을 수행했다. 이 체계는 점차 발전해 현재는 스토리와 대본을 작성하는 디지털 솔루션으로 발전했다.

'Writers' Room'으로 일하는 작가들은 각자 역할이 나뉘어 있다. 큰 줄거리를 짜는 메인 작가가 있다면, 누군가는 등장인물의 설정을 담당한다. 이에 맞추어 또 다른 작가는 줄거리 안의 세부적인 장면을 구성한다. 장면에 들어가는 대사를 맛깔나게 작성하는 작가도 따로 있다.

이러한 역할 간 협업을 위해 방송 작가 데이비드 쇼어가 강조한 것은 모든 작가가 자신의 생각을 이해해야 한다는 것이다. 대사를 쓰는 작가라면 자신의 전문성을 발휘하되 '데이비드 쇼어라면 여기서 어떤 대사를 썼을까?'라는 질문을 품고 임해야 한다는 것이다. 이를 위해 데이비드 쇼어는 자신의 의도가 모든 팀원에게 충분히 전달되도록 소통했다.

팀장은 팀원들이 업무 프로세스에 임할 때 '지휘관의 의도'를 숙지하도록 해야 한다. 팀원들이 각기 다른 역할을 나누어 협업하고 있다면 특히 그렇다. 팀원이 맡은 역할에서 팀장이 무엇을 기대하고 원하는지를 이해하기 위해 소통해야 한다. 일이란 사소한 의사결정의 연속이다. '이 정도 깊이의 분석이면 충분할까?' '세 가지 일중 무엇부터 해야 할까?' '이 보고서는 설득하는 톤으로 써야 할까,

설명하는 톤으로 써야 할까?' 등의 사소한 결정들로 팀원들이 '팀장이 지금 의도하는 것은 무엇일까?'를 스스로 판단할 수 있어야 전체 효율성이 높아진다.

보고서에는 여러 메시지가 담긴다. 보고서의 주요 메시지는 팀 내 최고의 전문가인 팀장의 가설로 세워질 때가 많다. 이런 메시지는 대체로 연역적으로 이루어진다. 하지만 팀원들의 귀납적인 조사와 분석에서 새롭게 발견되는 메시지도 많다. 팀장이 보지 못한 곳에서 발견되는 메시지들은 보고서에 생동감을 불어넣어 준다. 팀장의 의도에 맞추어 일하는 팀원들은 고객 조사에서 떠오르는 트렌드를 포착하기도 하고, 숫자 분석에서 보이지 않던 경향성 찾아내기도 한다. 즉 팀원 모두가 각자의 역할에 충실하도록 만드는 프로세스를 관리자는 지켜나가야 한다.

### 더 멀리 보는
### 팀장의 버드아이뷰

통찰력을 요하는 일이란 참신하고 새로운 아이디어에 도달하는 일이다. 하지만 새로운 결과에 도달하는 과정이 반드시 새로워야 하는 것은 아니다. 익숙한 프로세스를 꾸준히, 제대로, 뚜벅뚜벅 밟아 나가는 게 더 중요하다.
팀장은 자신이 일하는 프로세스를 정리해보고 그 프로세스에 팀

**97**

이 동참할 수 있도록 소통해야 한다. 팀장의 의도를 팀원 모두가 알게 해야 한다. 의견이 일치되기 어려운 대안들을 앞에 놓고 있다면 합의에 이르는 방법론을 설계해 진전시키는 것이 좋다. 어쨌든 팀장은 긴 프로세스에서 팀원보다 한발씩 더 앞으로 나아가야 한다. 놀라운 통찰력은 앞으로 나아가는 자의 것이다.

# 프로세스 밖에서
# 일의 목적을 상기시킨다

관리자로서 팀장의 가장 중요한 역할은 팀원 모두가 공동의 목표에 기여하도록 만드는 것이다. 팀은 성과를 위해 모인 집단이다. 팀장은 성과의 기준을 분명히 정해 목표를 세운다. 그리고 팀원들의 업무를 이 목표에 일치시켜야 한다. 목표로 가는 여정에서 팀원들이 어떤 단계에 있는지 알고 업무를 할당한다. 팀장은 매 순간 '이 일의 목적이 무엇이었지?'라는 질문을 스스로에게 던져야 한다.

만화 〈슬램덩크〉의 송태섭이 맡은 포지션인 포인트가드는 코트 위의 지휘관이다. 감독이 내린 작전 목표 달성을 위해 다른 선수들의 움직임을 조율한다. 가장 먼저 공을 드리블하며 경기의 속도를 조정한다. 그리고 가장 좋은 위치의 동료에게 공을 분배한다. 팀장은 이와 같은 지휘관이다. 팀장이 고단한 업무에 치여 있으면 팀은 나아가는 방향을 잃어버리게 된다. 바다 위의 배가 원래 방향대로 항해하고 있는지 확인하는 방법은 먼 하늘에서 넓은 시야로 배와 목적지를 함께 내려다보는 것이다. 즉 팀장이 일의 프로세스를 조망하는 버드아이뷰를 가질 때 적절한 위임이 가능하다.

## 팀원들의 생각을 일치하게 만들어라

—

'야놀자'는 한국을 대표하는 유니콘 스타트업이다. 야놀자는 숙박 예약 중개를 넘어 글로벌 여행 시장을 선도하는 기업으로 성장 중이다. 야놀자를 컨설팅을 하며 가장 많이 들은 말은 '싱크업 sync-up'이었다. '동시에 움직이게 하다'라는 뜻을 가진 싱크로나이즈 synchronize의 줄임말에 up을 붙인 이 말은 '서로 다른 것들을 조정해 같은 속도와 형태로 움직이게 하다'라는 뜻이다. '싱크업 미팅 한 번 하고 가시죠'라는 말은 구성원들이 같은 목표와 이해를 가지고 있는지 점검해보자는 뜻으로 쓰인다. 그만큼 이 기업은 구성원들 간의 '생각 일치도'를 강조한다.

팀의 프로세스를 효율적으로 만들기 위해 팀장은 팀원들이 '싱크업' 되어 있는지 끊임없이 확인해야 한다. 프로세스의 불량률을 줄이는 가장 좋은 방법은 최저가치 단계에서 걸러내는 것이다. 이미 불량인 제품은 추가적인 공정을 거치기 전에 불량임이 파악되어 제외되어야 한다. 불량 여부를 빨리 확인할수록 불필요한 비용 지출을 줄일 수 있다.

초기부터 빠르게 불량을 걸러내기 위해서 팀의 생각을 일치시켜야 한다. 일의 배경과 목적을 잘못 이해한 팀원이 계속 일을 진행해도 좋은 결과가 나올 수 없다. 팀장은 일의 프로세스에서 팀원의 생각 일치도에 불량이 발생하고 있는지 확인하는 사람이다. 불량이 발견되면 그 즉시 프로세스 가동을 중단시키고, '싱크업 미팅 하시죠'라고 제안해야 한다.

"나는 모르겠으니 일단 뭐라도 좀 해와봐." 팀원 시절 많은 팀장을 만나며 들은 지시 중 최악으로 꼽는 말이다. 이런 지시는 팀의 생각 일치도를 무너뜨린다. 이런 말을 하는 팀장의 팀원들은 자신이 어떤 배경에서, 무엇을 목표로 이 일을 수행해야 하는지 알 수 없다. 이런 지시는 팀장이 가설 사고를 할 수 없기 때문에 발생한다.

충분한 정보가 없는 상태에서도 가설 사고가 강한 사람들은 결과물에 대한 대략적인 이미지를 그린다. 일의 수행에 어떤 단계가 있고, 어떤 장애물이 있는지 예상하고, 나아갈 경로를 설정한다. 팀장에게 '싱크업'할 큰 그림이 없기 때문에 팀원들은 혼란에 빠진다. 목적이 없는 팀은 불가능한 목표로 향하기 위해 허우적댈 수밖에 없다.

팀장에게는 팀원들이 '싱크업'할 큰 그림을 만드는 가설 사고가 필요하다. 가설 사고 훈련은 '만약에'라는 간단한 질문에서 시작할 수 있다. 깊은 분석의 단계로 들어가거나 팀원들에게 분석을 지시하기 전에 미리 임의의 답을 생각한다.

우리 제품의 시장 점유율이 떨어진 원인을 분석해야 한다면 잠깐 멈추어 생각해보자. 만약에 경쟁사가 강한 프로모션을 하고 있는 상황이라면 어떨까? 만약에 우리 회사의 영업 활동이 축소된 상황이라면 어떨까? 팀장은 '만약에' 가설 사고를 하면서 팀원에게 주어지는 일의 목표를 명확하게 좁혀준다.


## 팀장은 실무에 파묻히지 않도록
## 프로세스 밖에 존재해야 한다

—

팀장은 늘 자신이 실무에 파묻히지 않도록 주의해야 한다. 팀장이 일의 쳇바퀴에 얽매이면 목표를 볼 사람이 사라진다. 선장 없는 항해다. 〈하버드 비즈니스 리뷰〉가 실은 유명 기사 "누가 원숭이를 가지고 있나?Who's Got the Monkey"는 업무를 골치 아픈 원숭이에 비유한다. 팀장은 업무, 즉 원숭이를 정의한 후 팀원에게 원숭이를 관리하도록 맡겨야 한다. 팀원들은 "이것 좀 검토 부탁드립니다." "이부분이 막히는데 지시 부탁드립니다." 등의 말로 자신의 원숭이를 팀장에게 떠넘긴다. 가끔은 답답한 마음에 팀원의 원숭이를 빼앗기도 한다. 팀장은 원숭이를 직접 관리하면 안 된다. 원숭이를 키우는 팀원들을 관리하는 것이 팀장의 역할이다.

신임 팀장들이 가장 어려워하는 부분이 여기에 있다. 팀장은 팀원 시절 출중한 실무 능력을 인정받아왔다. 자신의 능력을 알기에 원숭이를 떠넘기는 팀원의 어리광을 받아줌으로써 자신이 아직 쓸만하다는 효능감을 느끼기도 한다. 그리고 일을 잘 통제하고 있다는 지배력을 확인하기도 한다.

하지만 팀원의 원숭이를 가져와 아무리 빠르게 대신 처리해준들 팀 성과에 원숭이 1마리를 더한 결과일 뿐이다. 모든 팀원이 원숭이를 잘 관리하는지 점검하고 균형을 잡아주는 팀장은 1명의 팀원이 관리할 수 있는 원숭이 수를 늘린다. 그러면 팀이 성과로 창출하는 원숭이 수에 팀장은 곱하기로 기여한다.

그러기 위해 팀원들이 어떤 원숭이를 맡고 있고, 어떤 단계가 도달해있는지 늘 파악하고 있어야 한다. 업무 상황을 한눈에 점검하는 칸반보드를 만드는 것도 좋은 방법이다. 칸반보드는 토요타의 엔지니어 오노 다이이치大野耐一가 생산 공정을 관리하기 위해 만든 체계다. 칸반보드를 단순화하자면 '해야 할 업무' '진행 중인 업무' '완료된 업무' 3칸으로 구성된다. 포스트잇 1장에 하나의 일과 담당자를 쓴다. 그리고 지금 그 일이 어떤 칸에 있는지 붙여놓는다. 팀원별로 포스트잇 색을 달리한다면 누구에게 일이 몰려 있는지 직관적으로 알 수 있다. 진행 중인 업무 칸을 단계별로 세분화하면 팀의 업무들이 어떤 단계에서 병목을 만나는지도 알 수 있다.

**103**

● 신사업 프로젝트 업무 관리 칸반보드

| 할 일 | 작업 | | 피드백 | 최종 완료 |
|---|---|---|---|---|
| | 진행 중 | 1차 완료 | | |
| 신사업 후보군 아이디어 정리 | 경쟁사 신사업 현황 조사<br>소비자 조사 문항 설계<br>산업 전문가 의견 조사 | 내부 임직원 의견 청취 | 과거 신사업 역사 정리 | 초기 시장 환경 분석 |
| 어떤 일이 더 중요할까? | 담당자에게 어떤 도움을 줄 수 있을까? | 어떻게 마무리하면 좋을까? | | 담당자가 다음에 더 잘할 수 있는 방법은 뭘까? |

프로세스 관리자로서 팀장은 칸반보드에 놓인 일들이 잘 진행되고 있는지 팀원들에게 물어 확인한다. 생산 기계가 잘 동작하고 있는지 점검하는 것처럼 말이다. 생산 단계의 모든 과정에서 팀장이 개입하는 것은 불필요한 참견이다. 이럴 때 팀장은 '변동적 검사'를 활용해야 한다. 무작위로 팀원들의 업무 진행 상황을 점검하되, 그 빈도는 일의 중요도와 난이도, 팀원의 숙련도에 따라 다르게 결정하는 것이다.

검사 방법은 간단하다. 팀원에게 지금 일이 어떻게 진행되고 있는지 물어보는 것이다. 팀원이 일의 배경과 목적, 그에 따른 자신의 고민과 진행 상황을 설득력 있게 대답한다면 그 기계는 잘 돌아가고 있다. 그렇지 않다면 오작동과 불량의 원인을 고민하면 된다.

## 팀장 스스로 뚜렷한 목적을 잃어버리지 않는 방법은 무엇일까?

—

문제는 팀장들이 스스로도 일의 목적을 망각할 때가 많다는 것이다. 특히 일이 궤도에 오르고 고민할 일보다 처리할 일들이 많아질 때 이런 문제가 나타난다. 바쁘게 돌아가는 실무에 자신도 기여하기 위해 뛰어들었다가 경로를 잃었다는 사실을 인식조차 하지 못한다. 이러한 이유 때문에 팀장은 목표를 스스로에게 세뇌시켜야 한다.

"빨간색 물건이 몇 개입니까?"라는 질문을 받으면 평소보다 빨간색 물건이 더 많이 눈에 띈다. 심리학에서 말하는 '컬러배스 효과 color bath effect' 때문이다. 인간은 어떤 목표를 의식하면 목표와 관련된 정보를 더 잘 인식한다. 팀장은 스스로 목표를 질문하며 매 순간 목표를 의식하고 있어야 한다.

물론 팀장은 많은 책임과 과제에 치여 산다. 팀원들에게 맡긴 일들에서 진척이나 변화가 생기면 팀장에게 매일 새로운 정보들이 업데이트된다. 모든 정보를 알고 있어야 하는 부담감도 생긴다. 그럴 때 팀장은 프로세스로부터 빠져나와야 한다.

새롭게 업데이트된 정보가 없는 상태라면 나는 어떻게 일을 했을까? 처음 일을 시작할 때 어떤 문제를 해결하려고 했었던가? 정보의 범람으로부터 벗어날 때 스스로에게 목적을 상기시킬 수 있다. 문제의 이면을 더 많이 알면 알수록 처음 가졌던 용기를 잃는다. 만약 자신감이 없어지고 일의 진행에 버거운 느낌이 든다면 정신을 차리고 처음으로 돌아가는 시간을 보내야 한다.

이러한 이유 때문에 팀장에게는 혼자만의 시간이 필요하다. 모든 잡음으로부터 벗어날 수 있는 시간을 만들어야 한다. 그 시간 안에서 일의 처음 목적이 무엇이었는지 스스로의 내면에게 물어야 한다. 가장 자연스러운 시간은 아침에 일어나 샤워할 때다. 머리가 복잡하게 꼬여 있지 않은 맑은 상태이기 때문이다. 사무실을 잠깐 벗어나 혼자 산책을 하는 것도 좋다. 걷는 동안에는 내 앞에 정보로 가득 찬 엑셀도 보고서도 없기에 최초의 목적으로 돌아갈 수 있는 여유가 생긴다. 팀장이 되면 조용히 혼자 점심을 먹고 싶은 날이 생기는 슬픈 이유이기도 하다.

미국 특수부대 네이비씰은 리더에게 총알이 빗발치는 현장에서 자신을 '분리'하라고 교육한다. 적과 대치한 분대원들이 엎드려서 사격하는 상황이라면 리더는 주위를 둘러보는 역할을 맡아야 한다. 리더는 사격을 분대원들에게 맡긴 채 총구를 하늘로 향하게 하고 전선에서 물러서야 한다. 그래야 상황을 통제하고 변화를 감지하며 명령을 내릴 수 있다. 물론 리더는 뛰어난 사격술을 가지고 있어야 한다. 하지만 그것을 본업으로 착각해서는 안 된다.

## 더 멀리 보는
## 팀장의 버드아이뷰

팀장은 일의 목적이라는 구슬을 가슴에 품고 소중히 다루어야 한다. 구슬이 반짝반짝 빛나서 팀원들이 모두 알아보도록 닦아야 한다. 구슬은 매일의 업무에 짓눌리면 쉽게 깨지기 때문에 조심히 보듬어 운반해야 한다. 월간 경제지 <InC>가 600개의 회사를 대상으로 설문조사를 했다. 회사의 가장 중요한 우선순위 세 가지를 말해보라는 질문이었다. 임원들은 64%가 제대로 답한 반면, 직원들은 고작 2%가 정확하게 답했다. 그만큼 직원에게 목적은 휘발성이 강하다. 사람들은 목적을 쉽게 망각하고 깨뜨려 버린다. 이는 프로세스 밖에서 끊임없이 일의 목적을 상기시키는 팀장의 역할이 중요한 이유다.

# 위임을 잘하는 팀장이
# 더 많은 기회를 부여한다

위임은 팀장의 가장 기본적인 일이지만 잘 해내는 사람이 드문 일이기도 하다. 위임에 서툴면 두 가지 반대 모습이 나타난다. 아무것도 맡기지 못해 지배하거나, 제대로 맡기지 못해 방임한다.

축구 경기에서 상대에게 가장 공을 많이 뺏기는 순간은 패스할 때다. 뺏길까 두려워서 혼자서만 공을 드리블할 수는 없는 노릇이다. 유능한 팀장은 받는 선수를 고려해서 패스하기 때문에 성공률이 높다. 마찬가지로 위임을 잘하려면 위임이 가능한 조건을 이해하고, 위임할 수 없는 것을 분간하며, 위임의 관점을 익혀야 한다.

패스를 잘하는 팀장은 팀원들에게 활약할 기회를 더 많이 줄 수 있다.

## 위임을 잘 할 수 있는
## 환경적인 조건이 있다

—

위임이 중요한 만큼 어렵기에 위임하는 방법을 설명하는 책과 강의를 어렵지 않게 찾을 수 있다. 일본의 경영 컨설턴트 아사노 스스무麻野進는 자신의 저서『일을 잘 맡긴다는 것』에서 위임을 할 수 있는 조건이 따로 있다고 말한다. 팀장에게 일이 목표한 결과가 분명히 보일 때, 팀장 스스로가 일의 양을 가늠할 수 있다. 더 빠르고 정확하게 일의 결과를 예상할 수 있을 때 팀장이 위임할 수 있는 폭이 넓어진다. 반대로 팀장이 스스로도 가늠할 수 없는 일 앞에 불안해하면, 팀원에게 기회를 주기도 어려워진다.

일의 목적과 목적이 달성된 결과에 대한 이미지 없이 위임되는 일은 팀원에게 그저 떠넘겨지는 것이나 다름없다. 운 좋게 결과가 팀장의 마음에 들 수도 있다. 하지만 이런 위임은 흡사 내 마음을 맞추어보라는 게임처럼 느껴진다. 팀장은 일을 맡길 때 자신이 기대하는 결과의 이미지를 알려주어야 한다. 그리고 그 일의 결과가 전체 팀의 목표에 어떤 영향을 미치는지 설명해주어야 한다.

물론 팀원의 역량 수준에 따라 이미지의 구체화 수준은 다를 수 있다. 함께 일을 오래한 숙련된 팀원이라면 조금 더 간략한 이미지를 주고 일의 진행에 있어 자유도를 허락할 수 있다. 그러나 함께 일한지 오래되지 않았다면 기대하는 이미지를 조금 더 구체적으로 다듬고 전달하는 데 시간을 더 쓸 필요가 있다.

팀장이 일의 양을 가늠하고 통제할 수 있을 때 또한 과감하게 위임할 수 있다. 결과에 대한 이미지가 분명할 때 위임하는 것은 일이 잘못되거나 불필요한 일을 하는 리스크의 확률을 줄이기 위함이다. 일의 양을 가늠할 수 있을 때 위임하는 것은 만약 리스크가 발생하더라도 대처할 수 있기 때문이다.

결과에 이르는 세부 단계와 각 단계에서 해야 할 일이 팀장의 머릿속에 있다면 이를 정리해서 팀원들에게 먼저 알려준다. 어떤 조사가 필요하고 자료를 어디서 구하는지, 누구와 협상해야 하는지, 어떤 작업이 필요하고 얼마나 걸리는 일인지 등을 체계적으로 알려준다. 특정 지점에서 팀원이 낙오한다면 거기서부터 팀원이 다시 시작할 수 있는 여유를 남겨놓고 위임한 일을 관리하면 된다.

하지만 일을 맡기려고 하면 왠지 모를 불안함이 느껴질 때가 있다. 불안함의 실체는 두 가지다. 첫 번째는 팀원에게 이 일을 능히 수행할 역량과 기술이 있는지 확신할 수 없을 때다. 협상 능력이 부족한 팀원에게 거래처와의 민감한 조율을 맡겨야 한다면 불안할 수밖에 없다. 두 번째는 이미 다른 일을 하고 있어 추가적인 일을 맡을 수 있을지 확신할 수 없을 때다. 이 역시 일을 미루거나 우선순위를 조정하면 좋겠지만, 그것이 팀장의 권한 밖인 상황이 많다.

이런 상황이라면 불안을 솔직하게 팀원과 상의해야 한다. 최대한 업무 지원 시스템을 갖추되, 문제가 생길 수도 있다는 사실을 인정해야 한다. 그러면 문제가 발생하더라도 그 원인을 빠르게 찾고 대처할 수 있다. 또는 발생 가능한 문제에 미리 해결책을 준비해놓을 수도 있다.

## 결코 위임해서는
## 안 되는 일이 있다

—

위임의 목적은 일의 효율성을 높여 더 나은 성과를 만드는 것이다. 팀장의 역량이 가장 뛰어나더라도 팀 전체가 효율적으로 일할 수 있도록 적절한 일의 분배와 관리가 이루어져야 한다. 그러나 팀장이 절대 위임해서는 안 되는 일이 있다. 팀이 지금 어떤 일을 해야 하는지 우선순위를 정하고 선택하는 일이다.

경영학의 아버지 피터 드러커는 "효율의 문제는 위임할 수 있지만, 효과의 문제는 위임해서는 안 된다"라고 말했다. 효율의 문제가 '더 적은 자원으로 일을 잘 해내는 것Do things right'이라면 효과의 문제는 '제대로 된 일을 선택하는 것Do the right things'이다.

"새로운 프로젝트를 시작할 때 팀장인 제가 제일 먼저 해야 하는 일이 뭔가요?"

이제 갓 팀장이 되어 하나의 프로젝트 팀을 담당하게 된 후배의 질문에 이렇게 답했다.

"업무 계획을 짜는 거예요. 최종 결과물이 무엇이고, 그걸 위해 어떤 일들이 필요한지 정해야 해요. 그리고 그 일들을 누가, 언제까지 끝낼 건지 정해야 해요. 그렇게 최종 모습부터 거꾸로, 매주, 매일 어떤 일이 끝나야 하는지 계획해봐야 해요. 이를 WBS<sup>Work Breakdown Structure</sup>, 작업 분류 체계라고 부르죠."

"그럼 매주, 매일 제가 챙겨야 하는 가장 중요한 일이 뭔가요?"

"WBS가 계획대로 가고 있는지, 작업 계획에 영향을 미치는 변화는 없는지, 있다면 작업 계획을 이렇게 변경해야 하는지 고민해야죠. 매일 WBS가 촘촘하게 작성된 엑셀을 들여다보며 씨름하게 될 거예요."

팀장은 팀의 지휘자와 같다. 언제, 어떤 악기가 전체 흐름에 개입해야 하는지 정확히 이해하고 있어야 한다. 지휘자가 계획을 이끌어야 모든 악기들이 계획에 따라 움직이며 완벽한 연주가 이루어진다.

실무자로 일할 때는 나에게 목표와 과업, 일정이 주어진다. 일정대로 일을 소화하기만 하면 된다. 내일까지 어떤 일을 끝내야 하는데 오늘 조금 효율이 나지 않았다면, 내일 더 열심히 하면 된다. 하지만 팀장이 되면 일하는 프로세스 자체를 설계해야 한다. 또한 팀장은 팀의 제한적인 자원이 가장 효과적인 일에 쓰일 수 있도록 해야 한다. 팀이 무엇을 해야 하는지, 일의 우선순위가 무엇인지 결정하는 일은 팀장이 위임할 수 없다.

최근 많은 기업은 구성원의 자율성을 강조한다. 더 책임감 있고 능동적인 회사를 만들기 위함이다. 이런 현상에 가장 큰 영향을 미친 기업은 세계 최대 음원 스트리밍 서비스를 운영하는 '스포티파이'다. 이들은 자신들만의 극단적으로 자율적인 조직 관리 체계를 만들었다. 스포티파이의 조직 관리 체계는 전통적인 피라미드식 조직 구조를 거부한다. 작은 단위의 목적 조직들이 존재하고, 조직들은 상하관계에 놓여 있지 않다. 각 조직은 자신의 우선순위를 스스로 정한다.

이 극단적인 자율성 부여가 실패하는 안타까운 결과를 목격하는 데는 오랜 시간이 걸리지 않았다. 당시 스포티파이에 근무한 관리자는 "내가 스포티파이에서 딱 하나만 고칠 수 있었다면, 자율성을 너무 강조하지 말았어야 했다는 것이다"라고 고백했다. 각 팀이 자신들의 우선순위를 스스로 정하면서 정작 중요한 회사의 우선순위는 결국 사라지고 말았다. 팀들마다 우선순위가 달랐기에 협업도 삐걱거렸다. 여러 팀이 중복적인 일을 하기도 했다. 스포티파이가 작은 기업일 때 작동하던 이 모델은 회사의 성장과 함께 진화했어야 했다.

위임의 조건이 갖추어지지 않았거나, 위임해서는 안 되는 일에 해당하지만 시도해볼 수 있는 순간이 딱 하나 있다. 바로 팀원에게 교육과 훈련을 제공할 때다. 우리는 누구나 위임받은 일을 하면서 성장해왔다. 돌이켜 보면 우리가 위임받은 일들이 모두 완벽한 조건과 환경을 갖춘 채로 주어지지만은 않았다. 훈련이 목적이라면 팀원 스스로 일을 끝내기에 아직 불확실성이 높아 보여도 과감히 책임을 부여해볼 때가 있다. 그럴 때는 팀원에게도 해오던 일들과 조건이 다른 도전임을 미리 일러주어야 한다.

## 위임의 실패를 줄이는
## 방법은 무엇일까?

많은 팀장이 위임할 때 책임과 권한을 분리할 때가 있다. 위임할 때는 일을 하는 데 필요한 책임과 권한을 함께 주어야 한다. 권한은 쏙 빼놓고 책임만 어깨에 짊어지게 해서는 안 된다. 팀원이 이용할 수 있는 재량 범위를 명확하게 알려주자. 가령 거래처와 협상하는 책임을 준다면 앞서 언급한 것처럼 협상으로 달성하고자 하는 목적을 분명히 해야 한다. 하지만 협상이란 것이 일방적으로 우리 쪽 요구만 이야기할 수는 없다. 우리의 목적 달성을 위해 우리가 무엇까지 내어줄 수 있는지도 팀원이 알고 있어야 한다. 이것이 위임받는 사람에게 함께 주어야 하는 권한이자 재량 범위다.

위임이 일의 책임을 부여하는 것이지만 그렇다고 팀장의 책임이 완전히 사라지지는 않는다. 팀장의 권한을 더 효율적으로 행사

팀장의 관점

하기 위해 책임과 권한을 팀원에게까지 확장시켜준 것이다. 넘겼으니 나는 이제 모르겠다는 태도를 가져서는 안 된다. 업무 진행 상황 점검은 당연히 팀장의 책임이다. 까다로운 일이라면 더욱 그렇다. 팀원 선에서 끝날 수 있는 통상적인 일이라면 결과만 확인하면 된다. 그러나 과정 관리가 필요한 일이라면 팀장이 어떤 방식으로, 어떤 선에서, 어떤 주기로 개입할 예정인지 알려주자. "주요한 가설이 바뀌어야 할 때는 꼭 상의해달라"라거나, "매주 두 번씩 점검하는 회의를 가지겠다"처럼 미리 말해주자.

그러면 '책임을 진다'라는 말은 어떤 의미일까? '책임을 다하지 못하면 벌을 받아야 한다'라는 의미일까? 임원이 아니라면 결과에 대한 문책을 직접 받는 경우는 드물다. 책임이란 팀원이 자신이 맡아 수행할 수 있는 역할의 범위를 조금씩 확대해가는 과정의 지표라는 것을 함께 이해하면 좋겠다. 때로는 역량보다 적은 책임을 맡아 능히 일을 해낼 때도 있다. 때로는 조금 더 넓은 책임을 맡아 버거울 때도 있다. 팀장과 팀원은 같이 대화하며 위임할 수 있는 책임의 범위를 조금씩 넓히고, 팀의 효율성을 높여가는 동반자다.

위임을 할 때는 정확하게 의사소통해야 한다. 상대가 이미 알고 있을 것이라 지레짐작해서 정보를 빼놓아서는 안 된다. 상대를 어린아이 취급하는 것처럼 보일까봐 명확하게 설명하는 것을 피해서도 안 된다. 피터 브레그먼Peter Bregman의 저서 『팀장 감정 수업』이 제시하는 '업무 전달 체크리스트'를 통해 위임을 할 때 꼭 전달할 포인트를 살펴보자.

## 업무 전달 체크리스트

1. 우선순위가 무엇이라고 이해하는가?

2. 언급되지 않은 우려나 아이디어는 무엇인가?

3. 중요한 단계는 무엇이며 언제까지 그것을 완수할 계획인가?

4. 성공하려면 무엇을 해주어야 하는가?

5. 지금 대비해야 할 만일의 사태가 있는가?

6. 진척 상황이나 문제에 대해 다음번 확인 시기는 언제인가?

7. 우리 외에 누가 우리 계획을 알아야 하며 어떻게 그들에게 전달할 것인가?

---

## 더 멀리 보는
## 팀장의 버드아이뷰

위임은 지식이 아닌 경험의 영역이다. 일을 잘 못 맡기는 팀장은 아직 위임으로 더 나은 결과를 낳는 경험을 안 해봤기 때문일 수 있다. '내가 하는 게 가장 좋지만, 어쩔 수 없을 때나 맡기는 거야'라는 신념에 사로잡혀 위임을 기피하다가 팀장의 책임이 너무나 커져서 혼자서는 통제하지 못하는 상황에 부딪칠 수 있다. 위임을 못 하는 팀장은 더 큰 역할을 맡지 못한다. 이는 한계를 스스로 긋는 셈이다.

위임의 조건이 갖추어지면, 일의 결과와 양을 예상할 수 있다면 과감히 팀원에게 일을 맡겨보자. 책임과 권한을 모두 고려해 부여해보자. 위임의 성공 경험을 쌓아가보자. 일을 못 맡긴다면 내가 너무 뛰어나서가 아니라 도리어 무능해서는 아닌지 자문해봐야 한다. 유능할수록 일이 더 분명하게 보이고, 위임을 하기 쉬워지기 때문이다.

# 팀장은 동기부여를 위해
# 의도적으로 태업해야 한다

팀장은 팀의 성과에 대해 무한한 책임감을 느껴야 한다. 내 잘못이
아닌 다른 이유가 있었다고 발을 뺄 여지 따위는 없다. 하지만 책임
감을 느끼는 것과 책임을 나누는 것은 다른 문제다. 모든 일을 혼자
해야 책임감이 있는 것이 아니다. 오히려 팀장은 책임과 권한을 적
극적으로 나눔으로써 여유를 찾아야 한다. 또는 자신의 하루를 비
움으로써 팀원들이 주도적으로 움직일 공간을 만들 수 있다. 이처
럼 팀장이 태업했을 때 팀원들의 자기주도성이 나올 때가 있다. 최
고의 리더는 똑똑하고 게으른 리더라는 말이 괜히 나온 게 아니다.

# 팀장이 여유를 가져야
# 팀원의 동기를 이끌어낼 수 있다

—

유능한 팀장은 여유가 있다. 무언가가 뒤에서 쫓아오기라도 하듯 숨 가쁘게 앞으로만 달려가는 팀장은 팀원들의 존경을 받을 수 없다. 주어진 책임이 무거워서, 일이 많아서 여유가 없다는 이유로 성과를 내지 못한다는 것은 핑계에 불과하다. 실제로 내가 경험한 뛰어난 팀장들은 좋은 성과를 내기 때문에 늘 중책을 맡는다. 그러면서도 여유를 보인다. 경영진은 여유가 없고 불안해하는 팀장에게 중요한 일을 맡기지 않는다. 허세라고 부를지언정 여유가 없어도 있는 척해야 한다. 그만큼 여유 있는 모습이 가져다주는 효익은 크고, 그렇지 못한 모습 때문에 치러야 하는 비용도 크다.

"팀장님 바쁘시죠?"

"아니요? 하나도 안 바쁜데요?"

"네? 항상 그렇게 대답해주시는데 처음에는 웃음이 나왔다가 매번 그러시니까 조금 이상하게 느껴지기도 해요. 당연히 바쁘신 줄 아는데… '팀장이 나보다 바빠야 하는 거 아니야?'라는 생각이 들기도 하고."

나는 불쑥 찾아오는 팀원의 시간 요청에 좀처럼 거절하는 법이 없다. 하고 있던 일을 멈추고 팀원에게 몸을 돌린다. 얼굴을 마주하고 웃음을 보인다. 나에게는 기꺼이 당신을 위한 시간이 준비되어 있고, 당신이 나를 방해한 것도 전혀 아니며, 언제든지 찾아와도 좋다는 몸짓을 보낸다.

"생각해봐요. 저에게 질문이 있거나 상의할 일이 있어서 왔는데 '아휴, 정말 바빠서 죽겠네요. 하루가 어떻게 가는지 모르겠어요' 라고 답변한다면 팀원은 어떤 마음이 들까요?"
"죄송하다는 마음이 들겠죠."

팀원이 팀장을 찾아와 시간을 요청하기 전까지는 이미 많은 고민이 있었을 것이다. 팀장이 바쁜 티를 내고 있거나 몇 차례 도움 요청을 자신의 일이 바빠서 거절해버리면 팀원들은 앞으로 상황 보고 전에 더 많은 고민을 하게 된다. 팀장의 시간을 함부로 뺏으면 안 되겠다는 생각으로 인해 보고의 타이밍을 놓친다. 팀원이 주도적으로 일하려면 팀장과 잦은 소통으로 방향을 잡아가야 한다.

물론 정말로 중요한 일에 몰입해야 하는 시간에는 팀장도 방해받지 않아야 한다. 내가 본 유능한 팀장은 자기만의 업무 집중 시간을 설정해놓는다. 배달의민족의 CTO(최고기술책임자)로 입사해 CEO까지 거친 김범준 전 대표도 매주 목요일은 절대 미팅을 잡지 않고 혼자 집중해서 끝마쳐야 하는 일에 집중했다. 그리고 자신의 일정을 전 직원이 볼 수 있도록 공개해놓고 일정에 무리가 없다면 언제든지 팀원을 위해 내어주었다. 팀원이 대화를 요청했는데 어쩔 수 없이 대응해줄 수 없을 때는 꼭 상의할 수 있는 가장 빠른 시간을 정해 알려주어야 한다.

여유 없는 팀장의 모습 때문에 치러야 하는 가장 큰 비용은 팀장이 되고 싶은 동기를 사라지게 만든다는 것이다. 최근 여러 기업에서 직원들이 관리자가 되기를 거부한다는 소식이 나오고 있다. 과거에는 팀장 역할을 맡는 것이 직장 생활의 큰 성취였다. 하지만 시대가 달라지면서 굳이 팀장이 되어 책임을 맡지 않겠다는 생각과 실무 능력을 계속 키워가고 싶다는 동기가 커지고 있다. 내 팀장이 책임에 억눌려 자기 삶도, 성공적인 커리어도 주체적으로 이어가지 못한 상황을 생각해보자. 그런 팀장은 팀원들에게서 팀장이 되고 싶은 동기를 빼앗는 셈이다.

지금도 승승장구하는 한 고위 임원에게서 여유를 얻는 구체적인 노하우를 들은 적이 있다. 그는 회사에서 누구보다 바쁜 사람이었다. 열 손가락으로 다 못 꼽을 정도로 여러 중요한 프로젝트에 동시에 관여했다. 회의가 30분 단위로 이어지는 날이 허다했다. 하지만 그는 꼭 매주 목요일 오후는 모든 일정을 비워 놓는다고 했다. 대표이사도 그 시간에는 자신과 미팅을 잡을 수 없을 정도였다. 아무 일정이 없는 목요일 오후는 그에게 여유를 위한 비빌 언덕이었다. 갑자기 생겨난 요청이나 고민할 거리는 목요일 오후에 처리하면 되기에 덜컥 겁먹거나 조바심 느낄 필요가 없었다. 물리적인 시간을 통제해 심리적인 여유를 찾을 수 있다는 소중한 교훈이었다.

열심히 달리기만 하는 것보다 여유 있는 걸음이 더 중요하다는 사실은 축구 선수 리오넬 메시Lionel Messi에게서도 확인할 수 있다. 영국 스포츠 매체 〈토크스포츠〉에 따르면 메시는 2022년 월드컵에서 가장 오래 걸어 다닌 선수다. 아르헨티나의 4강전 경기까지 포함한 6경기 동안 움직인 전체 거리 중 58%를 걸어서 이동했다. 이는 모든 선수 중 가장 높은 비율이었다.

메시는 경기에 열심히 참여하지 않는 것이 아니다. 맹목적으로 뛰기보다 걸으면서 여유를 찾고 주변을 살핀다. 상대 팀 선수들의 위치를 이해한다. 그리고 기회를 포착하면 순간적인 속도로 뛰어나가 골을 만든다. 다른 선수들이 충분히 움직이는 가운데 그는 결정적 순간을 어떻게 만들까를 고민하는 여유를 누린다.

## 팀장은 자리를 비울 줄
## 알아야 한다
—

여유로운 데서 그치지 않고 팀장은 자리 비움의 미학美學을 배워야 한다. 많은 팀이 계층적인 구조에 익숙해져 있다. 위에서 지시를 내리고 아래에서 지시를 이행한다. 많은 팀에서 볼 수 있는 이미 오래된 관행이다. 팀원들은 그저 팀장이 지시해주기를 기다린다. 이런 모습은 그들에게 동기나 능력이 없어서가 아니라 계층적인 문화가 팀을 지배해버렸기 때문에 나타난 것이다. 관행을 깨기 위해서는 조금 더 과감한 행보가 필요하다. 팀장은 현재 상황과 목표 지점을 명확하게 공유해야 하지만 그런 이후라면 자리를 비우는 연습도 해야 한다.

팀장은 자리를 비움으로써 팀원들의 자기주도성을 이끌어낸다. 문제 해결의 방향과 가설을 제시하는 일을 가끔은 내려놓아야 한다. 물론 이런 선택을 할 충분한 여력이 있는 업무들부터 시작해야 한다. 팀장이 없는 상황에서 팀원 간에 의견 교환이 어떻게 이루어지는지, 누가 논의를 주도하고 참여하는지 파악해야 한다. 이는 논의가 끝난 후 돌아와 결과를 간단히 보고받으면 알 수 있는 내용들이다. 그리고 팀장이 없는 상황에서 어떤 문제가 발생하는지 테스트한다. 그러면서 팀장이 없어도 되는 영역을 점진적으로 확대해 간다.

네이비씰의 리더십을 다룬 책 『네이비씰 승리의 기술』에서 저자 조코 윌링크는 자기주도적인 조직 운영을 이렇게 표현했다. "우리 기동대에서 '제가 뭘 해야 합니까?'라고 묻는 것은 금지되었다. 그 대신 '제가 하려는 것은 이것입니다'라고 말해야 했다."

팀원의 자기주도성은 하루아침에 만들어지지 않는다. 대부분의 팀장은 이미 고착화된 계층적 문화와 이로 인해 훼손된 팀원들의 동기로부터 자기주도성의 형성을 시작해야 한다. 이러한 이유 때문에 다양한 각도에서의 접근이 필요하다. 그리고 팀장은 적절하게 자리를 비우고 행동하지 않는 것으로 분위기를 전환해야 한다.

그레그 포포비치Gregg Popovich는 미국 프로 농구 NBA 역사상 가장 많은 승리를 기록한 감독이다. 이 전설적인 감독은 결정적인 순

**123**

간에 선수들을 결집시키기 위해 자신의 모습을 감추기도 했다. 경기 중 작전 타임은 소중한 시간이다. 이 짧은 시간 안에 승리를 위한 전술을 논의해야 한다. 보통의 작전 타임에서 감독은 자신의 작전을 선수들에게 지시한다. 그러나 귀중한 작전 타임에 포포비치는 종종 선수들에게 다가가지 않는다. 선수들은 감독이 다가오지 않기에 스스로 의견을 내고 소통한다. 의도적으로 리더가 태업함으로써 구성원들을 더 강하게 밀집시킨 것이다.

## 효과적인 위임은 여유를 낳고, 여유는 효과적인 위임을 낳는다

————

팀장은 팀원에게 자신의 권한을 위임한다. 이때 위임한 권한이 팀장에게서 사라지고 팀원에게 옮겨간 것이 아니다. 팀장의 권한이 위임받은 팀원에게까지 확장된 것이다. 초보 팀장들이 많이 빠지는 실수는 권한과 정보를 팀장이 독점함으로써 팀의 효율성을 해치는 것이다.

촘촘한 네트워크로 얽혀 있는 현대 기업에서 정보는 권력이다. 팀장은 고급 정보에 더 먼저 접할 수 있다. 이를 권력으로 착각하고 독점하면 팀원들의 동기는 크게 훼손된다. 팀장의 고민은 어떻게 팀원들에게 더 자유와 선택권을 주고 스스로의 동기에 불을 지피게 할 것인지에 초점을 맞추어야 한다.

앨런 리Allan Lee 외 2명의 저자가 〈하버드 비즈니스 리뷰〉에 게재한 저널은 105개의 관련 연구를 분석해 권한 위임과 동기부여 간의 상관관계를 증명한다. 먼저 자신의 리더가 자신에게 더 많은 권한을 부여한다고 믿는 팀원은 직장에서 더 큰 자율성과 삶에 대한 통제력을 느낀다. 그리고 자신이 유능하며 의미 있는 일에 전념하고 있다는 믿음을 가진다. 또한 팀원은 권한을 위임하는 리더를 더욱 신뢰한다. 위임은 리더가 먼저 신뢰를 보내는 행위이기 때문이다.

단, 연구는 위임이 단지 리더의 책임을 덜기 위한 행동으로 여겨질 때 오히려 역효과를 낳는다고 이야기한다. 여유가 없고 불안한 팀장의 위임은 팀원에게 불합리한 책임의 전가로 느껴질 수 있다. 여유와 위임은 선순환을 그리며 팀원의 동기 수준을 높이는 것이다.

팀장의 여유는 효과적인 위임을 만든다. 그리고 효과적인 위임은 팀장의 여유를 만든다. 이 선순환을 이해하는 것은 매우 중요하다. 우리의 뇌는 아주 사소한 의사결정을 할 때도 스트레스를 받고 에너지를 쓴다. 오늘 입을 옷을 고르는 결정조차 우리의 여유를 갉아먹는다. 페이스북의 창업자 마크 저커버그Mark Zuckerberg는 매일 같은 옷을 입는 이유를 불필요한 에너지 소비를 줄이기 위함이라고 말했다. 불필요한 의사결정을 최대한 제거하고 모든 에너지를 페이스북의 발전에 쏟고 싶다는 뜻이기도 하다. 팀장은 사소한 것부터 체계적으로 위임해야 한다. 그래야만 자신의 업무 리스트를 줄일 수 있으며 비로소 여유를 가질 수 있다.

## 더 멀리 보는
## 팀장의 버드아이뷰

하버드경영대학원 클레이튼 크리스텐슨Clayton Christensen 교수는 저서 『당신의 인생을 어떻게 평가할 것인가』에서 동기부여를 "성취하고 배우며 의미 있는 걸 이루는 팀 안에서 자신이 결정적인 역할을 했다는 느낌 같은 것"이라고 정의했다. 팀원들에게 이런 역할을 주려면 팀장은 스스로 사라질 줄도 알아야 하고, 주어진 권한을 효과적으로 위임할 줄도 알아야 한다. 이런 모습은 여유로부터 나온다. 억지로라도 여유를 만들자. 억지로라도 여유 있는 척하자. 스스로 통제할 수 있는 시간이라도 만들어놓고 이를 여유를 위한 마지노선으로 삼자.

좋은 팀장이 되려면 오늘 얼마나 열심히 일했는가, 오늘 얼마나 진도를 나가고 성과가 있었는가에 집중해서는 안 된다. 일이 돌아가기 위한 프로세스를 설계했다면, 설계한 대로 각 팀원이 적절한 업무를 위임받고 있는지, 위임받은 일을 처리하는 데 어떤 어려움이 있는지 조망할 줄 알아야 한다. 새가 높이 날기 위해서는 몸이 가벼워야 한다. 실무의 부담을 주렁주렁 달고는 날개짓을 할 수 없다. 팀의 효과적인 위임을 바라보는 버드아이뷰를 가지기 위해 몸과 마음을 가볍게 만들어보자!

PART 4

# 코칭의 관점

## 팀원을
## 성장시킬 수 있는가?

팀장이 되면 자연스럽게 팀원들에게 다양한 형태로 코칭을 하게 된다. 업무 지식 전수, 커뮤니케이션 방법에 대한 조언, 결과물에 대한 수정과 피드백, 성과 평가 면담 등 형태는 다양하지만 팀장이 팀원에게 하는 여러 커뮤니케이션이 코칭이라는 공통적인 목적을 가지고 있다. 팀장 일을 하다 보니 코칭을 위해 하는 말들이 반복된다는 걸 느꼈다. 그래서 그런 반복되는 코칭 내용들을 따로 정리해 강의안을 몇 가시 만들었다. 저음에는 팀원들을 대상으로 쓰이던 강의안은 지금 쓰임이 확대되어 본부 차원의 강의에 직접 사용되고 있다.

"강의를 하는 특별한 목적이 있으세요? 굳이 왜 강의를 하세요? 힘들진 않으세요?"

많은 사람이 개인 시간을 쪼개어 팀원들을 위한 강의를 만들고 운영하는 모습에 의아해한다. 곰곰이 생각해보면 내가 코칭에 노력을 들이는 이유는 팀원들에 대한 '기대' 때문이다. 기본적으로 팀원이 현재보다 더 성장할 수 있다는 믿음과 기대가 있기 때문에 코칭이라는 활동에 열정이 더해진다. 기대가 없다면 성장의 여지도 없는 것이다. 이러한 이유 때문에 뛰어난 팀장들은 코칭에 원대한 기대를 갖는다.

현재와 기대 간의 간극이 클수록 코칭의 성과가 극대화된다. 최종적인 목표까지 도달하는 단계적인 기대를 선명하게 나누고 팀원과 지금 기대하는 성장을 합의하는 것도 중요한 일이다. 한 발자국씩 성장의 계단에 오르도록 하기 위해 팀장은 올바른 방법으로 피드백을 한다. 그리고 이 모든 과정에서 팀장은 자신의 욕망을 떼어내고 오로지 팀원의 성장만을 목표로 바라보고, 팀원을 목적으로 대한다.

회사에서 한 인연으로 팀장과 팀원의 관계로서 만난다는 것은 놀라운 우주의 우연이다. 우리는 마치 각자의 궤도를 돌고 있는 소행성인데, 넓은 우주의 한가운데에서 찰나의 순간 서로를 지나치고 있을 뿐이다. 요즘은 회사의 변화도 빠르고 개인 신상의 변화도 빠르다. 팀장과 팀원의 관계는 오래도록 지속되는 인연이 아니다. 하지만 그 찰나의 순간 팀원의 성장을 위해 최선을 다하고, 어쩌면 그중 누군가가 나를 잊지 못할 스승으로 기억할 수도 있다는 사실은 그 자체만으로도 가슴 설레는 일이다.

# 최고의 팀장은
# 최고의 팀원을 키워낸다

유능한 팀장은 스스로에 대한 기준이 높다. 누군가가 요구하는 수준에 맞추어 일하지 않는다. 현재 자신이 만족할 수 있는 기준을 설정하고 자기계발로 능력을 키우고 점차 기준을 높여간다. 팀장의 이런 기준은 팀원들에게도 자연스럽게 옮겨간다. 팀원들은 팀장이 팀원 개개인에게 큰 기대를 하고 있다는 것을 안다. 팀원이 인간적으로, 직업적으로 팀장을 존중한다면 그 기대에 보답하고 싶어 한다. 높은 기준을 가진 팀장을 실망시키고 싶지 않으며 그 기대를 만족시켜 팀장과의 관계를 더 가치 있게 만들고 싶어 한다.

팀장은 단순히 일의 결과가 아닌 팀원들의 일하는 과정을 세밀하게 살핀다. 팀원에게 일을 맡기고 최종 결과물을 보며 실망하거나 평가하는 게 아니다. 각 팀원이 어떻게 일하는지 관찰하고 조망한다. 버드아이뷰로 팀원들을 내려다보다가 코칭의 순간이 도래했을 때 결정적인 가르침으로 팀원 인생의 뜻깊은 유산을 남긴다. 물론 코칭을 시도하는 팀장이 팀원에게는 피곤한 리더일 수 있다. 하지만 이런 최고의 팀장과 일할 때 함께 성장한다는 사실을 부인하지 못한다.

## 팀장의 원대한 기대는
## 팀원의 인생에 위대한 유산으로 남는다

—

그리스 신화 속 피그말리온Pygmalion이라는 이름의 조각가는 가장 아름다운 조각상을 만들었다. 그 조각상과 사랑에 빠진 그는 조각상을 사람처럼 대하며 옷을 입히고 말을 걸기도 했다. 결국 그는 신에게 조각상과 닮은 짝을 내려달라는 기도를 올렸다. 피그말리온의 진심에 감동한 신은 조각상을 갈라테이아Galateia라는 이름의 여인으로 만들어 주었고 둘은 결혼을 해 자식까지 두었다.

그리스 신화에서 따온 용어인 '피그말리온 효과'는 자신의 기대나 예언에 따라서 결과가 바뀌는 자기실현적 예언이다. 이는 무수히 많은 사회심리학 실험으로 검증되었다. 누군가 어떤 일이 일어날 것이라 기대하면 그 기대가 사람들의 행동에 영향을 주어 실제 결과로 나타난다는 것이다.

과거를 돌이켜 보면 우리는 나의 잠재력과 재능을 발견하도록 도와준 누군가를 떠올릴 수 있다. 학창 시절 선생님의 칭찬 한마디나 상사나 동료의 격려 한 번에 심장이 고동친 기억이 있다. 그 순간에 우리는 자신감을 얻는다. 영감을 얻고 경력의 중요한 전환점이 되기도 한다. 우리에게 그런 영향을 미친 사람들의 공통점은 나에게 원대한 기대를 품고 있었다는 것이다. 그리고 나 스스로조차 확신이 없던 나의 가능성을 믿어준 사람이었다. 인사 평가 면담으로 인생이 바뀌는 사람은 없다. 하지만 나를 믿어준 누군가의 한마디는 인생에 결정적 변화를 가져다준다.

『회사가 선택한 1% 팀장들』의 저자 그레그 톰슨Gregg Thompson은 누군가의 인생에 결정적 영향을 끼치는 이런 사람을 '인재 개발자'라고 표현했다. 코치로서의 팀장은 실무 기술을 알려주는 강사에서 그치지 않아야 한다. 함께 일하는 팀원들에게 인재 개발자가 되어야 하고, 팀원들에게 중요한 유산을 남기는 것을 목표해야 한다. 인재 개발자가 되기 위해 필요한 것은 스스로를 개발해줄 것을 부탁하는 '인재'다. 또한 팀장이 인재 개발자로서 어떤 행동을 하기 전에 팀원으로부터 자신이 인재 개발자가 될 수 있다는 신뢰를 얻는 것이 중요하다.

인재 개발자가 되려는 팀장은 팀원에게 높은 기대를 가져야 한다. 팀원은 자신의 잠재력을 찾고 이끌어내기 위해 진심을 다하는 팀장을 신뢰할 수 있다. 팀장이 팀원을 배려한다는 이유로 기대치를 낮추는 것은 쉬운 일이다. 하지만 장기적으로는 팀원의 성장과 팀의 성과에 피해를 입히는 결정이다. 반면에 높은 기대를 가진 팀장은 팀원을 안전지대 밖으로 이끌고 나간다. 팀원이 잘하고 있는 일, 익숙한 일을 벗어나게 한다. 즉 팀원에게 경험해보지 않은 새로운 도전을 제시한다.

팀원을 안전지대 밖으로 이끌고 가는 일은 팀장에게도 위험 부담을 지는 일이다. 팀원이 지금 역량으로 해낼 수 있는 기준을 알지만 기꺼이 더 높은 기준을 제시해야 하기 때문이다. 이를 위해 팀원에게는 더 많은 시간과 기회를 주어야 한다.

이를 팀장의 시각으로 본다면 팀의 자원이 최적화되지 않은 상황이다. 그럼에도 불구하고 팀원에게 도전할 시간을 준다. 설령 그 도전이 실패로 끝나더라도 팀장은 스스로 마무리할 수 있다는 자신감을 내비치며 팀원을 독려한다. 자신의 도전을 위해 위험 부담을 함께 짊어지는 팀장을 팀원은 인재 개발자로 받아들인다.

## 나는 과정을 세밀하게 평가해줄 수 있는 팀장인가?

———

회사에서 직원들을 평가할 때 성과 평가보다 과정 평가가 중요해지고 있다. 신재용 서울대학교 교수는 저서 『공정한 보상』에서

MZ세대의 '공정'에 대한 선호 때문에 앞으로 과정 평가는 더 중요해질 것이라 말한다. MZ세대가 보는 미래는 비관적이다. 분배할 것이 적으므로 노력 대비 보상을 정확히 예측할 수 있는 일에 자신의 노력을 쏟고자 한다. 성과에는 운의 요소가 작용한다. 이들은 운의 요소보다 자신의 태도와 근면성, 노력 등 스스로 통제할 수 있는 요인으로 평가받고 싶어 한다. 결과보다 과정을 평가받을 수 있을 때 평가 결과와 그에 따른 코칭을 납득할 수 있다는 것이다.

팀원의 업무 과정을 인정할 줄 아는 팀장은 공식적인 성과 평가와 팀원의 자기계발을 분리해서 소통한다. 많은 회사가 성과 평가 체계를 가지고 있다. 대부분의 회사에서 상급자는 하급자를 평가하고, 고과 등급을 매긴다. 이는 승진이나 성과급에 영향을 주기도 한다.

고과 등급에 따른 성과 평가는 어쩔 수 없이 팀원 간의 상대 비교 성격을 가진다. 그러다 보니 팀원에게 부정적인 내용을 배제하기 어렵다. 팀원 입장에서도 소득과 직결된 문제는 민감하다. 이러한 이유 때문에 자기계발을 위한 코칭의 시간은 성과 평가 미팅과 분리해야 한다. 코칭의 시간에서 팀장은 팀원에게 온전히 높은 기대를 가지고 임해야 한다.

자기계발 코칭에는 상대 평가나 비교가 개입되지 않는다. 팀원들의 개별성을 존중하고, 개개인에게 가지는 신뢰를 전달해야 한다. 단순한 실적 숫자가 나타내주지 않는 이면의 과정을 관찰하고 여기서부터 코칭을 시작해야 한다. 팀원들이 자기계발을 위해 매일 어떤 노력을 했고, 사소하더라도 어떤 개선이 있었는지를 확인하고 인정해줄 수 있는 사람은 팀장밖에 없다. 즉 회사의 성과 평가 체계가 시대에 맞게 개선되기 이전에 팀장은 팀원들의 노력과 개선되는 과정을 인정해주어야 한다.

과거 회사 생활은 임원이 되기 위한 토너먼트 경쟁이었다. 그러나 지금 시대에서 팀원들은 이런 상대 비교와 내부 경쟁에 큰 의미를 두지 않는다. 현재 직장에 평생을 바칠 생각 따위는 없기 때문이다. 현명한 팀장은 팀원의 자기계발을 사다리 올라가기가 아닌 정글짐을 타는 방식으로 안내한다. 사다리와 달리 정글짐에는 올라가는 길이 여러 가지다. 사람마다 자신에게 맞는 길과 속도로 올라갈 수 있다. 조직 내 토너먼트 경쟁에 관심이 없는 세대도 여전히 부자가 되어 경제적 자유를 달성하고 싶은 욕구는 존재한다. 팀장은 팀원마다의 커리어 목표가 무엇인지, 그에 따른 자기계발 방향은 무엇인지를 고민해주는 것이 중요하다.

## 코칭에는 놓쳐서는 안 될 결정적인 기회들이 있다

팀원들을 코칭하는 기간이 누적되다 보니 종종 '그때 팀장님이 그렇게 해주신 게 정말 고마웠어요'라는 인사를 듣는다. 많은 팀장이 팀원에게 일의 노하우를 알려주거나 피드백을 해주면서 코칭을 하고 있다는 뿌듯함을 얻는다. 물론 이런 노력을 기울이는 것만으로도 충분히 팀원을 챙기는 좋은 팀장의 자질을 보이는 것이다. 하지만 팀원의 뇌리에 박히는 결정적인 코칭 순간이 몇 가지 있음을 알았다.

첫 번째, 팀원이 작업해온 결과물을 팀장이 직접 수정할 때는 가급적 팀원을 불러 함께 보면서 수정한다. 팀원의 결과물에 개선이 필요하면 더 구체적인 지시를 내려 팀원이 직접 수정하도록 하는 것이 물론 좋다. 하지만 때로는 시간의 제약 때문에 팀장이 직접 마무리 지을 필요가 있다. 이때 작업을 한 팀원과 함께 결과물 수정을 하면 팀장은 수정의 이유와 의도를 바로 알려줄 수 있다. 이는 팀원에게는 팀상의 스타일과 눈높이를 빠르게 알아차릴 수 있는 기회가 된다.

자신의 결과물이 최종적으로 팀장의 수정을 거쳐 바뀌었다는 것을 나중에 알게 되면 팀원은 책임감과 동기를 잃을 수 있다. 많은 팀장이 이런 실수를 하기에 팀원과 함께 수정하는 팀장의 모습은 기억에 남는 결정적인 코칭이 되기 쉽다.

두 번째, 팀원의 실수로 문제가 생겼을 때 다시 한번 스스로 바로잡을 수 있는 기회와 지원을 준다. 컨설팅 프로젝트에서 팀원들에게 각자 맡은 영역의 고객사 담당자들을 인터뷰하고 오게 한 적이 있다. 그중 한 팀원이 준비해간 자료에 사소한 실수가 있었다. 그 실수를 꼬투리 삼아 담당자는 팀장인 나에게 전화해 '왜 팀장이 직접 오지 않고 어설픈 팀원을 보냈냐'라며 불만을 표했다. 나머지 더 중요한 자료들은 확인하지도 않은 채 말이다.

"팀장님, 죄송합니다. 아무래도 제가 일을 망친 거 같아요. 담당자를 바꾸겠다고 해도 저는 할 말이 없을 거 같습니다."

그 팀원은 고객사로부터 나온 부정적인 피드백의 원인도 모른 채 잔뜩 주눅 들어 있었다.

"지금 고객사에서 불만을 제기한 이유가 뭘까요? 나는 우리 팀이 무언가를 잘못해서라고 생각하지 않아요. 이 컨설팅 프로젝트가 시작될 때부터 그분들은 우리가 알지 못하는 불만을 가지고 있었을 거 같아요. 우리가 할 일은 오해를 풀고 문제의 근원을 바로잡은 뒤 원점에서 그분들과 일을 시작하는 거라고 봐요."
"그러면 어떻게 하실 생각이세요? 제가 어떻게 하면 좋을까요?"
"별일 아니에요. 저는 이런 일을 많이 겪어보았어요. 그분들과의 관계를 개선하는 건 직접 만나서 이야기를 나누면 생각보다 어려운 일이 아니에요. 아마 그분들은 지금도 '내가 너무 심했나?' 하며 후회하고 있을지도 몰라요. 앞으로도 일을 하다 보면 오해 때문에 앞뒤 안 가리고 꼬투리를 잡는 분들을 종종 만나게 될 거예요. 그러니까 지금은 이런 상황에 어떻게 대처해야 하는지 배우는 중요한 기회예요. 담당자를 바꾸지 않을 거예요. 다음 주에 저랑 같이 그분들을 찾아뵙고 저와 함께 문제를 바로잡을 거예요."

실제로 그 문제는 오해에서 비롯했다. 미팅을 갔을 때 우리에게 역정을 냈던 담당자들은 미안함을 표하며 환대해주었다. 개선된 관계에서 일은 다시 시작할 수 있었다. 문제를 해결하는 데 중요한 것은 상황을 바로잡는 방식이었다.

나는 먼저 바로잡으면 되는 문제라며 당황한 팀원을 안심시켰다. 그리고 팀장인 나와 함께 다시 찾아가되, 자료 실수의 수정부터 설명까지 다시 한번 스스로 도전하도록 지시했다. 다행히 미팅은 성공적으로 마무리 되었고 훗날 팀원은 '그때 그 기억'을 떠올리며 종종 감사를 표해주었다.

세 번째, 자기계발에서 진전을 포착하면 과장되게 칭찬한다. 팀원의 자기계발을 위해 팀장은 개선점을 전달한다. 개선점은 한 번에 여러 가지를 전달해서는 안 된다. 지금 이 순간 가장 필요한 '원 포인트 레슨'이어야 한다. 그래야 팀장이 각 팀원에게 어떤 개선점을 전달했는지 기억할 수 있다.

전달한 개선점을 잘 기억했다가 조금이라도 개선된 모습이 있는지 애써 찾아내보자. 그리고 개선한 지점을 발견하면 아낌없이 칭찬을 보내자. 과거보다 정말 좋아졌다고, 이대로만 하면 더 성장할 거 같다고 말해주자. 그 사소한 개선에는 더 큰 가속도가 붙을 것이다.

## 더 멀리 보는
## 팀장의 버드아이뷰

"사람들을 이미 가장 바람직한 인간이 되었다고 여기며 대하라. 그리고 그들이 자신의 능력을 온전히 발휘해 위대한 존재가 되도록 도와주어라." 독일의 철학자 요한 볼프강 폰 괴테Johann Wolfgang von Goethe의 말이다. 팀장이라는 직책은 회사가 부여한 것이다. 하지만 코치로서의 역할은 팀원으로부터 얻어야 한다. 팀원을 대할 때 그들 스스로도 확신하지 못하는 잠재력을 믿어주고, 그 성장의 과정을 함께 따라가며 살펴보자. 팀원이 문턱을 만났을 때, 개선이 필요할 때, 어제보다 나은 사람이 되었을 때 아낌없는 지원과 칭찬을 보내자. 이렇게 서로의 신뢰가 만들어질 때 팀장은 팀원의 인생에 위대한 유산을 남길 특권을 얻는다.

# 기대치 합의 없이는
# 피드백도 할 수 없다

개그맨 조세호의 유명한 별명은 '프로불참러'다. 한 프로그램에서 왜 결혼식에 안 왔냐는 질문에 "안 불렀는데 어떻게 가요?"라고 반문하는 장면이 별명의 시작이었다. 짓궂은 동료들은 그가 초대받지 않은 자리들을 거론하며 왜 안 왔냐고 구박한다. 부르지 않으면 갈 수 없다. 이 문장을 업무에 적용하면 다음과 같다. 팀원이 역량을 개선하고 싶어도 '잘함'의 기준이 없으면 잘할 수 없다. 팀장이 팀원을 평가하는 것도 마찬가지다.

팀원들은 각자의 역할이 있다. 역할마다 '잘함'과 '못함'의 기준이 없다면 평가할 수 없다. 팀장은 팀원들마다 기대하는 수준을 팀장과 팀원이 함께 설정하고 팀원도 이것을 인식하고 있어야 한다. 기대 수준의 합의가 코칭의 시작이다.

## 팀원마다 기대하는 바를
## 명확히 소통해야 한다

—

경영 컨설팅 회사들은 비교적 명확한 역량 평가 기준을 가지고 있다. 먼저 기대하는 역량의 종류가 정해져 있다. 논리적인 수행 능력, 창의성, 일을 대하는 태도, 리더십과 협업 능력 등이 컨설턴트라면 갖추어야 하는 자질이다. 그리고 직급마다 역량의 종류별로 기대하는 수준 또한 정해져 있다. 팀장은 팀원들이 자신의 직급에서 기대되는 바에 얼마나 충족하고 있는 지로 평가한다. S, A, B, C 등으로 구성된 고과 등급의 중간은 B로 '기대 부합-meet expectation'을 뜻한다. 기대에 미치지 못하면 '기대 이하-below expectation', 반대라면 '기대 이상-above expectation'이다. 최고 등급인 S는 '승진 대상-at next level'이며 다음 직급의 기대를 충족하고 있음을 의미한다.

팀장은 팀원에게 기대하는 역량과 역량별 기대 수준을 정해야 한다. 이것은 기대하는 성과를 정하는 것과는 다르다. 영업사원처럼 개인의 실적이 숫자로 나타나는 직군이라면 평가는 간단하다. 하지만 개인의 생산성이 영업 실적이나 생산량으로 표시되지 않는 대부분의 사무직들은 역량과 기여의 기준이 필요하다. 아쉽게도 이런 체계를 잘 마련해놓은 회사는 드물다. 우리 팀에 어떤 역량이 필요한지를 정하는 것은 인사팀의 역할이 아니다. 그 일의 전문가인 팀장의 역할이다.

직군에 따라 어떤 역량들이 필요한지는 간단한 검색으로 먼저 찾아볼 수 있다. 구글에서 영문으로 '마케팅 역량marketing capabilities'을 검색해보면 마케팅팀에 필요한 역량을 정의한 방대한 자료들을 볼 수 있다. 다른 직군들도 마찬가지다. 일부 자료들은 이미 역량별로 초보자부터 전문가까지의 기대 수준을 함께 담고 있다. 참고할 만한 내용들을 찾았다면 이제 여러 자료와 팀장의 경험을 조합해 자신만의 역량 모델을 설계할 수 있을 것이다.

팀장이 설계하는 역량 모델은 완전한 정교함을 필요로 하지 않는다. 역량 모델의 목적은 팀원에게 기대하는 수준을 알려주는 것이기 때문이다. 역량 모델의 전체 내용을 팀원에게 논리적 허점 없이 알려주어야 하는 것도 아니다. 지금 중요한 역량이나 그 팀원이 꼭 계발했으면 하는 역량을 콕 집어내고 해당 역량의 기대 수준을 합의할 수 있다면 충분하다.

사람에 대한 평가는 주관적일 수밖에 없다. 마음에 쏙 들게 일해오는 팀원이 당연히 예쁘다. 하지만 '내 맘에 든다' '들지 않는다'로는 코칭할 수 없다. 어떤 부분들이 어떻게 부족한지 알기 위한 기대치의 합의가 반드시 필요하다.

# 기대치가 다르면
# 코칭의 방식도 달라야 한다

—

기대치가 다르다는 것은 코칭의 방식도 달리해야 한다는 것을 의미한다. 팀장이 코칭으로 계발시켜야 하는 팀원의 역량은 크게 두 가지다. 하드 스킬hard skill과 소프트 스킬soft skill이다.

하드 스킬은 구체적인 업무 기술이다. 업무 도구의 사용법부터 외국어 능력, 전문적인 분석과 보고서 작성 능력 등이다. 하드 스킬은 방법을 배우고 그것을 반복 수행해보는 것으로 학습할 수 있다. 소프트 스킬은 정량화하거나 객관적으로 알아보기 어려운 능력이다. 커뮤니케이션, 리더십, 팀워크처럼 다른 사람과의 상호 작용 방식과 관련이 있다. 소프트 스킬은 하드 스킬과 달리 장기간에 걸친 스스로의 고민과 경험으로 성숙해진다.

하드 스킬이 부족한 신입사원이나 새로운 일에 임하는 팀원에게 필요한 것은 티칭teaching이다. 업무의 목적과 수행 방식, 그에 필요한 지식을 구체적으로 가르쳐주는 것이다. 일을 위한 하드 스킬이 부족한 팀원에게 '알아서 해오기'를 기대하며 자율권을 부여하면 좋지 못한 결과를 낳는다.

티칭의 기본은 보여주고, 해보도록 하고, 잘못된 것을 교정해주는 것이다. 업무의 목적, 목표, 단계와 단계별 유의점을 알려주면서 먼저 실제 일하는 모습을 보여준다. 그리고 직접 그 일을 해보도록 지시한다. 팀원이 직접 일을 해보는 과정과 결과에 대해 점검한 뒤 가르쳐준 것을 잘못 이해했거나, 다르게 하고 있는 부분을 다시 교정한다.

하드 스킬은 충분하지만 소프트 스킬이 부족할 때 주로 필요한 것은 멘토링mentoring이다. 팀원은 일을 추진하다가 예상하지 못했거나 새로운 종류의 장애물을 마주하기도 한다. 이런 문제는 기존 지식과 경험인 하드 스킬로 해결이 어렵다. 이해관계자들을 조율하고 설득해 문제를 재정의하거나, 새로운 자원을 가져와야 한다. 팀장은 자신의 성공, 실패 경험을 나누고, 팀원에게 좋은 질문을 던짐으로써 팀원이 새롭게 문제에 접근하도록 멘토링을 할 수 있다. 또한, 팀장은 한 분야의 전문가로서 팀원이 이르지 못한 지식과 경험을 공급해주는 컨설팅consulting의 코칭 방식을 택할 수도 있다.

가끔 팀원의 질문이 업무적인 것이 아닐 때도 있다. 팀원은 신뢰하는 팀장에게 직장 생활의 어려움을 토로하기도 한다. 동료와 갈등이 있거나, 이직 또는 커리어에 대한 고민일 수도 있다. 완전히 회사를 벗어난 인간적인 고민일 수도 있다. 인간으로서의 고민을 함께 듣고 시간을 공유해주는 코칭이 카운슬링counseling이다. 카운슬링의 핵심은 팀장이 팀원의 문제를 해결해줄 수 없다는 것이다. 팀원의 문제를 충분히 공감하는 것이 최선이다.

솔직히 말하면 카운슬링이 팀장에게 무력감을 줄 때도 있다. 팀원이 이직을 고민 중이라고 이야기할 때 팀장은 자신이 무능해진 거 같은 느낌을 받기도 한다. 내 옆에 있던 사람이 나를 떠나는 것은 나에 대한 거부처럼 느껴진다. 심지어 팀원이 동료와 갈등을 겪는 상황을 마주하면 팀장인 내가 팀을 잘 꾸리지 못했기 때문이라는 자책감도 든다.

하지만 팀원이 이런 문제를 털어놓았다는 것은 팀장을 신뢰한다는 뜻이다. 팀장은 팀원의 개인적인 이야기를 들을 자격을 획득한 것이다. 팀원의 문제는 온전히 나 때문에 발생한 게 아니다. 문제를 해결하지는 못하지만 공감해줄 수 있는 위치에 함께 있다는 것만으로도 팀장은 팀원에게 최선을 다했다.

## 적절한 난이도 조절 역량은 팀원을 일에 몰입하게 한다

—

맡은 일마다 늘 좋은 성과를 내던 팀원이 언제부터인가 집중력을 잃고 실수가 잦아지는 상황이 있었다. 전처럼 일을 깔끔하게 처리하지도 못했고, 회의에서 말수도 줄었다. 그 모습을 처음 봤을 때 나는 단순히 그가 책임감을 잃어버렸다고 생각했다. 면담을 하면서 실수를 지적하고 좀 더 책임감을 가질 것을 종용했다. 하지만 좀처럼 문제는 개선되지 않았다. 피드백이 통하지 않자 나도 답답해지고, 내 말을 무시한다는 느낌이 들기까지 했다. 팀원에 대한 완전한 실망으로 이어지려고 할 때쯤 나는 문제를 원점에서 재검토해보기로 했다.

"무슨 일일까요? 좀처럼 집중을 못 하는 거 같아요. 늘 업무에 적극적이었던 모습도 사라진 거 같아요. 지금까지 함께 일하면서 언제나 든든하고 고마웠습니다. 그리고 지금도 더 성장할 거라는 기대는 똑같아요. 지금의 문제를 함께 극복할 방법을 상의해봤으면 좋겠어요."

"팀장님, 사실은 저도 고민이 많았는데 권태기라고 표현하는 게 맞을 거 같아요. 처음에는 팀장님이 요구하는 바가 까다롭고 어려웠지만 이제는 조금 더 익숙해진 거 같아요. 그런데 비슷한 업무가 반복되는 느낌이 들기도 해요. 제가 한 일에 대한 새로운 피드백도 점점 줄어들고요. 그런데 이상한 게 있어요. 분명 일이 익숙해졌다고 생각했는데 오히려 예전에는 안 하던 실수가 늘어난 것은 저도 알고 있어요. 그게 왜 그런지는 모르겠습니다."


그는 오히려 더 높은 책임감을 원하고 있었다. 팀장에 준하는 책임감으로 역할을 맡아보고 싶은데 그럴 만한 기회가 주어지지 못했다. 그래서 스스로 잘 처리해온 일에 권태감이 생겼다. 팀장으로서 어떻게 하면 그가 책임감을 되찾을까가 아니라, 어떻게 하면 더 많은 책임을 줄 수 있을까를 고민해야 했던 것이다.


"좋네요! 제가 먼저 알아주지 못해서 미안해요. 지금 우리에게 필요한 건 새로운 단계의 도전인 거 같아요. 실수가 잦아진 것은 지금 주어진 일에 몰입하기 어렵기 때문일 거예요. 몰입할 수 있을 만한 더 높은 난이도의 과업이 오히려 필요한 때예요.”

『몰입의 즐거움』의 저자 칙센트미하이<sup>Csikszentmihalyi</sup>는 '몰입 이론'
으로 유명하다. 몰입은 어떤 행위에 깊게 빠져서 시간의 흐름과 자
아를 잊는 상태를 의미한다. 그는 개인의 능력과 맡은 과제의 난이
도가 대등할 때 몰입에 빠질 수 있다고 이야기한다. 능력에 비해
쉬운 도전은 지루함을 주고, 지나치면 휴식이나 권태에 빠진다. 지
나치게 어려운 도전은 걱정과 불안을 안겨준다. 몰입은 자신의 능
력을 마음껏 펼쳐 보일 수 있는 수준의 도전을 대할 때 일어난다.

게임 산업은 본질적으로 사람의 몰입을 만들어내는 방법을 연
구하는 일이라 할 수 있다. 게임 그래픽이 아무리 화려해도 난이도
조절에 실패한 게임이 성공하는 일은 없다. 게임 사용자가 도저히
진행하기 어려운 벽에 부딪히거나 지루할 정도로 쉬운 상황을 만
들어서는 안 된다. 난이도 조절 실패는 사용자의 이탈을 의미한다.

팀도 마찬가지다. 팀장은 각 팀원에게 몰입의 시간을 선물해야
한다. 팀원들의 역량 수준과 성장 목표를 파악해야 적절한 난이도
를 제시할 수 있다. 불안함을 느끼는 팀원은 공포에 사로잡혀 제
실력을 발휘하지 못한다. 지루함을 느끼는 팀원은 그의 능력을 낭
비하고 있는 셈이다. 팀장은 수시로 난이도 수준을 점검하고 조절
해야 한다.

난이도 조절의 방법은 두 가지다. 첫 번째는 역량에 맞는 난이
도의 일을 위임하는 것이다. 팀원이 기존에 해오던 업무가 아닌 더

상급자가 하는 높은 난이도의 일을 제시한다. 단순한 업무 역량이 아닌 관리 역량의 성장이 필요한 때도 있다. 그러면 혼자 자신의 영역을 책임지던 팀원에게 다른 팀원들까지 관리하는 역할을 부여할 수도 있다. 이는 팀원에게는 새로운 도전이자 동기부여가 생긴다. 반대로 지금 맡은 일조차 버겁고 불안한 상황에서는 업무를 조정하는 것도 고려할 수 있다. 더 낮은 난이도의 업무를 수행해 경험치를 쌓는 시간을 허락하는 것이다.

난이도 조절을 위해 일의 일정을 미루거나 조정할 수 없다면 두 번째 방법을 써야 한다. 똑같은 일을 맡더라도 제약 조건이나 지원 범위를 달리하는 것이다. 제약 조건은 일의 완료까지 주어지는 시간을 의미한다. 지원 범위는 얼마나 스스로 해내도록 하느냐를 의미한다. 그리고 같은 일이라도 팀원의 능력에 따라 마감일을 달리한다. 만약 팀장이 방향 제시와 개입을 해왔는데 이제 팀원에게 그일이 익숙해졌다면 팀장의 개입을 줄이거나 없애볼 수 있다. 같은 일이지만 새로운 난이도의 도전이 되는 것이다.

## 더 멀리 보는
## 팀장의 버드아이뷰

유능한 팀장은 팀원에게 무엇을 기대하는지 정의하고 이를 팀원과 합의한다. 직군에 따라 어떤 역량을 키워가야 하는지 이해하고 있다. 그리고 그 역량들에 어떤 수준의 단계가 있는지 안다. 이를 바탕으로 팀원에게 기대하는 수준을 명확히 알려주고, 팀원이 그것에 얼마나 충족했는지로 객관적인 평가를 한다. 이런 팀장의 모습에서 중요한 것은 팀원들을 서로 비교할 필요가 없다는 것이다. 팀원마다 잘하는 것과 부족한 것이 다르다. 팀원이 동료가 아닌 어제의 자신과 경쟁하도록 도와야 한다. 역량의 기대 수준이 있다면 굳이 다른 사람과 자신을 비교할 필요가 없다.

# 모든 사람의 동기부여와
# 성장곡선은 다르다

'기분대로 행동하지 말고 프로답게 처신하라'라는 말이 있다. 하지
만 인간은 기계가 아니다. 집중력, 헌신하는 마음처럼 업무 성과에
영향을 미치는 정신적 요소는 늘 기분에 영향을 받는다. 업무 환경
에서 그 기분은 주로 '왜 일하는가?' 즉, 동기와 관련되어 있다. 팀
장은 팀원들이 각자 어떤 동기로 일하는지 이해한다. 또한, 업무에
어떤 기여를 할 때 동기를 크게 느끼는지 알기 위해 애쓴다. 그리
고 모든 사람이 언제나 충만한 동기부여 상태에 있을 수 없으며, 적
당한 기다림이 필요하다는 것을 안다.

사람은 모두 서로 다른 동기와 성장의 욕망을 가지고 있다. 같은 사람이라도 각자의 인생 시기에 따라 다른 동기를 가질 수 있다. 좋은 코치가 되려면 팀장은 자신이 팀원을 만나고 있는 지금 이 순간으로만 판단해서는 안 된다. 코칭을 위해 필요한 버드아이뷰는 팀원이 지금까지 살아 온 인생과 앞으로 꿈꾸는 커리어, 그에 따른 그의 지금 동기를 함께 긴 안목으로 통찰하는 것이다. 다름의 인정이 팀원의 마음과 동기를 이해하는 시작이다.

## 동기부여 되어 있는가가 아닌, 왜 동기부여 되어 있는가가 중요하다

—

팀원의 업무 태도를 평가할 때 동기부여는 자주 언급된다. '동기부여 되어 있다 또는 그렇지 않다' '동기부여 된 수준이 높다 또는 낮다' 같은 말들은 사람의 동기가 하나의 직선 위에 있다고 가정한다. 스위치를 껐다 켜듯 동기가 있거나 없다고 이야기한다. 레버를 올리거나 내리듯 동기부여 수준이 높거나 낮다고 말한다. 하지만 사람의 동기를 연구하는 학자들은 '왜 동기부여 되는가?'라는 질문이 동기의 본질을 보여준다고 설명한다. 누구나 어떤 행동을 할 때는 이미 그 행동의 동기를 가지고 있기 때문이다.

도살장에 끌려 나오는 표정으로 출근하는 팀원이 있다고 가정해보자. 그는 물에 젖은 신문지처럼 자리에 늘어져 있다. 마지못해하는 태도로 시키는 일만 임하고 먼저 말을 걸지 않으면 한마디도 하지 않는다. 이런 팀원을 우리는 동기부여가 없거나 낮다고 이야기한다. 하지만 그 팀원은 이미 회사에 출근을 했다. 시키는 일에 한해서라도 일을 어쨌든 한다. 그러면 그에게는 회사를 나오고 일을 하는 어떤 동기가 존재한다. 그럴 동기가 정말로 하나도 없다면 그는 이미 사직서를 내고 집에 가버리지 않았겠는가?

조직문화 전문가이자 『무엇이 성과를 이끄는가』의 공동 저자는 세 가지의 직접 동기와 세 가지의 간접 동기가 있다고 주장한다. 직접 동기는 즐거움, 일의 의미, 그리고 성장이다. 즐거움은 일에서 찾는 호기심과 배움에 대한 본능적인 만족이다. 일의 결과를 떠나 과정 자체에서 만족을 느끼는 것이다. 일의 의미는 자신이 하는 일의 긍정적 영향과 중요성을 인식하고 이를 결과로 확인하는 것이다. 일의 의미는 일 자체가 아닌 결과에서 비롯되는 동기이기 때문에 즐거움보다는 낮은 영향력을 가진다. 마지막 성장은 일의 결과가 개인의 목표에 부합할 때 느끼는 동기다.

간접 동기 세 가지 중 첫 번째는 정서적 압박감이다. 부모의 기대 때문에 공부하는 학생처럼 타인의 시선이 동기가 되는 경우다. 두 번째인 경제적 압박감은 보상을 받거나 불이익을 피하기 위한 동기다. 마지막 타성처럼 원래 하던 일이라서 생각 없이 하는 것 또한 일종의 일을 하는 동기다. 공동 저자는 이 6가지의 서로 다른 동기의 스펙트럼들을 조합해 조직의 총 동기 수준을 알 수 있다고 말한다.

직접 동기는 일 자체 또는 개인의 정체성과 신념에서 비롯되는 것이기 때문에 총 동기를 높여준다. 하지만 외부적 요인에서 오는 간접 동기는 오히려 총 동기를 떨어뜨린다. 경제적, 정서적 압박감이나 타성만으로도 일을 지속하지만 장기적인 성과에는 부정적인 영향을 주기 때문이다.

## 사람마다
## 기여하고 싶은 바가 다르다
—

간접 동기라 하더라도 성과 향상에 도움이 될 때가 있다. 정해진 일을 빠르고 정확하게 처리하는 전술적인 업무를 진행할 때 그렇다. 단순 작업자가 생산량에 따라 보상을 받는 것은 경제적 압박감도 도움이 된다. 하지만 이 책을 읽는 대부분의 팀장들이 마주하고 있을 문제 해결이 필요한 상황에서 간접 동기는 성과를 낮춘다. 간접 동기 강조가 성과에 미치는 악영향은 많은 연구로 증명된 바 있다.

듀크대학교 행동경제학 교수 댄 애리얼리Dan Ariely가 매사추세츠 공과대학교 학생들을 대상으로 진행한 실험이 그중 하나다. 그는 두 그룹의 학생들에게 키보드로 2개의 알파벳을 4분간 가능한 많이 입력하도록 했다. 학생들은 많이 입력할수록 보상을 받았는데 두 그룹의 약속된 보상의 양이 달랐다. 그 결과 더 많은 보상을 약속받은 그룹의 학생들이 더 많은 알파벳을 입력했다.

교수는 실험 내용을 바꾸어 학생 수준에서는 비교적 쉬운 수학 문제를 풀게 했다. 마찬가지로 문제를 많이 풀수록 인센티브를 받을 수 있었다. 그러나 이번 실험에서는 완전히 다른 결과가 나왔다. 더 높은 인센티브를 약속 받은 그룹의 성적이 현저히 더 낮았던 것이다.

간접 동기의 지배를 받을 때 사람은 일 자체에 대한 즐거움이나 스스로의 의미를 잃어버리기 쉽다. 압박감은 눈앞의 업무가 아닌 보상이나 보상의 실패를 신경 쓰게 한다. 결국 성과로부터 눈을 돌리고 시키는 일만 쫓게 된다. 자신을 짓누르는 압박감을 벗어나려는 노력이다. 이런 수렁에 빠진 팀원을 볼 때 팀장이 할 수 있는 노력은 팀원이 자신의 의미를 찾을 수 있도록 돕는 것이다. 누구나 타인에게 의미 있는 존재로서 기여하고 싶은 마음을 가지고 있다. 간접 동기로 묻혀 버린 팀원의 일에 대한 의미와 성장, 즐거움을 꺼낼 수 있게 해야 한다. 자신의 동기를 찾고 꺼내는 것은 팀원의 몫이다. 다만, 팀장은 팀원의 욕구를 이해하고 인정함으로써 과정을 지원한다.

『더 팀』의 저자 아사노 고지麻野耕司에 따르면 사람들은 자신이 주변에 기여하고자 하는 바가 다르다. 그는 어떤 말에 동기부여를 받는 지를 네 가지 모양으로 정의한다. 이 유형에 팀원들을 하나씩 대입해보면 각자에게 어떻게 그들의 기여와 의미를 찾도록 도울 수 있을지 힌트가 생겨날 것이다.

**기여도에 따른 동기부여 대답 방식**

1. 어택 타입: 달성, 지배형(승리/패배, 내 편/남의 편, 이득/손해) – "대단해요."

2. 리시브 타입: 공헌, 조정형(선/악, 옳음/옳지 않음, 사랑/미움) – "고마워요."

3. 씽킹 타입: 논리, 탐구형(진실/거짓, 원인/결과, 뛰어나다/뒤처지다) – "맞아요."

4. 필링 타입: 심리, 창조형(아름답다/추하다, 즐겁다/괴롭다, 좋다/싫다) – "재밌어요."


# 팀원들은 모두
# 다른 성장곡선을 갖고 있다

—

어떻게 팀을 동기부여 할까를 고민하는 열정적인 팀장이라면 간과하기 쉬운 또 하나의 사실이 있다. 바로 모든 팀원이 빠르게 성장하거나 성취하고 싶어 하는 것은 아니라는 것이다. 어떤 팀원은 더많은 책임을 맡고 싶어 하지 않는다. 심지어 승진하기를 원하지 않을 때도 있다. 정열적인 팀장이라면 그런 팀원을 답답한 마음에 다그칠 수도 있다. 하지만 "저는 팀장님이 아니어서요"라는 뚱한 대답이 돌아올 뿐이다. 우리는 늘 나와 다른 성격의 사람이나 심지어좋아하지 않는 사람과도 관계 맺을 줄 알아야 한다. 현실적으로 야

**157**

심 찬 팀원만으로 조직을 꾸리기는 어렵다.

팀원들의 성장 속도는 다양한 요소에 영향을 받는다. 앞서 언급한 성장과 안정의 스펙트럼에서 지금 팀원이 어디에 위치하고 있는지는 팀원의 가치관과 현재 여건에 따라 달라진다. 때로는 급격한 성장을 경험하다가 새로운 단계의 역할을 맡아 잠시나마 버겁게 그 자리에 익숙해지기 위한 안정을 택하기도 한다.

이러한 이유 때문에 팀장은 팀원에게 영원한 꼬리표를 달아서는 안 된다. 영원한 고성과자도, 영원한 저성과자도 없다. 꼬리표 달기보다 중요한 것은 각 팀원들이 지금 안정과 성장 사이 어떤 지점에 있는지 아는 것이다. 그리고 그 사실이 마음에 들지 않아도 '그럴 수 있다'라는 것을 인정하는 것이다.

팀장은 팀원마다 맞는 동기부여 수준과 방법을 선택하기 위해 팀원이 어떤 상태에 있는지 알아야 한다. 한번 아는 것에서 그치지 않고 주기적으로 점검하고, 눈에 띄는 변화가 있다면 수시 점검도 가져야 한다. 방법은 단연 대화다. 팀원의 경력 계획을 세우는 대화를 하며 팀원의 목표와 동기 상태가 서로 조화를 이루는지 점검해야 한다. 높은 성장 목표를 가졌다면 그에 맞는 직접 동기가 필요하다. 안정을 원한다면 서로에게 기대하는 보상과 역할을 합의해야 한다. 안정을 원하지만 보상과 책임의 욕구가 작은 것은 조화롭지 못한 상태다. 팀장은 솔직한 마음으로 이런 팀원의 부조화를 대화의 소재로 삼아야 한다. 성장의 동기와 책임감을 되찾거나, 역할에 대한 욕구를 내려놓는 선택을 하도록 도와야 한다.

## 더 멀리 보는
## 팀장의 버드아이뷰

모든 팀원은 각기 다른 동기와 성장의 기대치를 가지고 있다. 사람의 동기를 있다, 없다의 이분법이 아닌 어떤 종류의 동기를 가지고 있는가를 세심하게 살피자. 실제로 "돈 때문에 일하는 거죠"라고 말하는 고성과자 중에는 일 자체가 즐겁지만 차마 그렇게 말하기 민망해서 얼버무리는 경우도 많다.

오늘날 우리 사회는 자신의 일을 좋아하는 것을 별나다고 생각한다. 하지만 어떤 일이든 가장 강력한 동기는 즐거움이다. 다만, 팀원들은 모두 각기 다른 동기 상태와 성장에 대한 열망, 그리고 환경을 가지고 있다. 팀장은 팀원과 함께 팀원의 경력 계획을 주제 삼아 그들의 상태를 파악해야 한다.

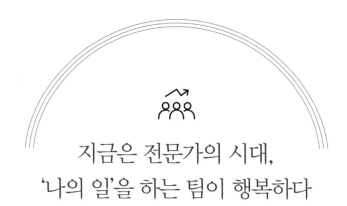

# 지금은 전문가의 시대,
# '나의 일'을 하는 팀이 행복하다

사람들은 더 이상 회사의 부품이 되고 싶어 하지 않는다. 입사와 동시에 이직 준비를 시작한다고 말할 정도다. 회사에 충성을 입증하기보다 자기계발에 시간을 쓴다. 유튜브, 스마트스토어 등 부업 광풍이 불기도 했다. 이것은 세대의 변화가 아닌 시대의 변화다. IMF를 거치며 기업은 직원을 뽑고 관리하는 방식을 급격히 바꾸었다. 직원들은 이런 변화에 대처한 것뿐이다.

회사와 직원의 관계는 농경사회를 지나 유목사회로 접어들었다. 노동의 의미를 잃어버린 시대에서 팀장은 팀원들에게 어떤 '일하는 의미'를 부여해야 하는가를 고민할 수밖에 없다.

## 전문가의 시대는
## 어떤 변화를 의미하는 것일까?
—

많은 사람이 일하는 의미를 잃어버렸다. 번아웃burn out은 일이 힘들어서가 아니라 의미를 잃어버렸을 때 찾아온다. 일의 의미를 잃어버린 이유는 일이 낳는 최종 결과로부터 우리가 소외당했기 때문이다.

산업화 이전에 신발을 사려면 신발 장인을 찾아가야 했다. 신발 장인은 자신이 만드는 신발에 대해 디자인, 제작, 가격 결정, 홍보와 판매를 모두 담당했다. '무슨 일을 하세요?'라는 질문에 '신발을 만듭니다'라는 답을 하는 것이 자연스러웠다. 내가 만든 신발을 신는 손님의 만족스러운 표정에서 보람과 일의 의미를 찾았다. 이런 직업의 모습은 산업화와 함께 급격하게 바뀌었다.

산업화는 분업을 낳았다. 사람들은 거대한 기업에 고용되었다. 그리고 컨베이어 벨트의 작은 한 부분을 맡았다. 신발을 만드는 사람은 사라졌다. 신발 고무 밑창을 덧대는 사람, 박음질을 하는 사람 등으로 나뉘었을 뿐이다. 지식 노동자들도 마찬가지다. 반도체 설계를 담당하는 고도의 지식 노동자라도 회사가 판매하는 반도체를 '내가 만들었다고' 말할 수 있는 사람은 없다. 미국의 경영학자

**161**

프레더릭 테일러Frederick Taylor는 직무를 구체적으로 설계해 효율성을 높이는 '과학적 관리법'으로 이런 변화를 가속화했다. 그는 "경영자는 노동자가 할 일을 상세한 작업 지시서로 작성해 전달해야 한다"라고 강조했다.

분업으로 인해 상실한 '직업의 의미'를 현대 사회는 한동안 '직장의 의미'로 대체했다. 사람들이 직장에 소속감과 자부심을 느끼기를 바랐고 그것이 일을 하는 의미가 되도록 했다. 신발 장인은 못 되었지만 '삼성맨'은 된 것이다. 하지만 직장의 의미는 오래 가지 못했다. 기업은 직원이 직장에서 느끼는 자부심이자 소속감의 전통적인 원천이었던 고용 안정성을 파괴했다. 직원들은 더욱 적극적으로 더 나은 대안을 탐색했고 직장인들의 근속 연수는 날로 짧아졌다. 이제 직장인들은 어디에서 의미를 찾아야 하는가? 팀장은 팀원들에게 어떤 일의 의미와 이유를 말해줄 것인가?

그 답은 '커리어 정체성'에서 찾을 수 있다. 개발자 연봉이 천정부지로 치솟고 있다는 소식을 흔히 접할 수 있다. 개발자도 전문 영역과 역할에 따라 다양하게 세분화될 수 있지만, 어쨌든 해당 소식으로 개발자는 매력적인 커리어로 자리 잡았다. 스타트업 업계에서는 유사한 직군의 사람들끼리 모여 노하우와 정보를 공유하는 모임이 많이 열린다. 마케터들의 모임, 디자이너들의 모임도 흔히 볼 수 있다. 산업화 이전의 사람들은 '무슨 일을 하세요?'라는 질문에 먼저 '신발을 만듭니다'라고 대답했고 이후에 '삼성에서 일합니다'라고 대답했다. 오늘날 전문가 커리어의 시대에서 우리는 '서

버 개발자입니다.' '브랜드 마케터입니다'라고 답하는 매력적인 사람들이 늘어나고 있다.

내가 근무하던 당시 배달의민족은 워라밸이 뛰어나다거나 대기업 못지않은 복지 제도를 갖춘 회사는 아니었다. 잦은 야근으로 당시 배달의민족 본사 건물은 석촌호수를 밝히는 등대라는 별명이 붙기도 했다. 하지만 많은 직원은 어떤 직장보다 높은 만족도를 토대로 열정을 다해 일했다. 회사의 리더는 직원들이 전문가가 되기를 바랐다. 그리고 마케팅팀 직원이 아닌 마케터로서, 디자인 팀 직원이 아닌 디자이너로서 자신만의 커리어 정체성을 찾을 수 있는 문화를 만들었다.

이런 문화를 상징하듯이 배달의민족 사무실 곳곳에는 이런 문구가 쓰여 있어 세간의 주목을 받기도 했다. '평생직장 따윈 없다. 최고가 되어 떠나라!' 이 말은 배달의민족이 직원들을 얼마나 주체적인 개인으로 대하고 있는지 암시한다. 회사는 직원이 최고가 되기 위해 스스로 최선을 다하기를 진심으로 바란다. 그 과정에서 직원은 회사의 성장에 기여한다.

하지만 그것 자체만이 목적은 아니다. 회사에 기여하는 노력으로 성장한 직원이 최고가 되기를 회사는 바란다. 그리고 최고가 된 직원이 자신을 위한 최고의 선택을 얼마든지 할 수 있다는 그의 주체성을 존중한다. 그것이 전문가로서의 역량을 쌓은 후 회사를 떠나는 결정이라 하더라도 회사는 직원의 주체적인 결정을 진심으로 응원해준다.

배달의민족 출신들은 지금도 각자의 영역에서 전문가로 살아가고 있다. 배달의민족 마케팅 전문가들이 출간한『마케터의 일』, 『기록의 쓸모』부터 디자인 전문가가 출간한『말랑말랑 생각법』, 회사의 문화를 가꾸어가는 피플실 기업문화 전문가가 출간한『일터의 설계자들』등을 읽어보자. 이들은 회사와 함께 최고의 전문가가 되고, 자신의 전문성을 세상에 마음껏 펼치고 있다.

그렇다면 우리는 팀장으로서 어떻게 팀원들이 전문가로 성장할 수 있도록 도울 것인가?

## 팀원이 의미 있는 커리어로
## 성장할 수 있도록 하라

—

팀장은 팀원이 자신의 커리어를 계발해가는 전문가로서 일하도록 해야 한다. 전문가는 단지 상사가 시켰기 때문에 일하는 것이 아니다. 전문가는 스스로의 성장을 위해 자신의 일을 한다. 같은 일을 하더라도 그 업무가 자신의 장기적인 발전을 위해 어떤 의미를 가지는지를 이해한다. 한 회사에서 성취한 일은 자신의 포트폴리오가 된다. 하루하루의 업무를 회사가 시킨 일이나 회사를 위한 일로만 생각하면 전문가가 될 수 없으며 회사라는 시스템을 떠나면 스스로 할 수 있는 일이 없는 단순 노동자가 될 뿐이다. 팀장은 팀원의 커리어를 개발한다. 팀원이 주인 의식이 아니라 프로페셔널리

즘(직업 정신)으로 열정을 불태우도록 한다.

프로페셔널리즘이 발휘되려면 팀원들이 자신의 일이 가지는 의미를 높은 수준에서 받아들일 수 있어야 한다. 책을 읽는 사람은 지금 어떤 행동을 하고 있다고 말할 수 있을까? 먼저 눈동자를 움직이고 있다고 말할 수 있다. 단지 신체적인 행동만 신경 쓴다면 말이다. 여기에서 수준을 높여서 '책을 읽고 있다'라고 한다면 행동 너머의 인지적인 목적을 함께 고려할 수 있다. 누군가 '내일까지 읽는 게 과제라서 책을 읽고 있다'라고 한다면 보다 높은 차원에서의 의미를 찾고 있는 것이다. 독서라는 행동은 '새로운 분야에 대한 통찰과 지혜를 얻고 있다'처럼 더 높은 차원의 의미를 가지기 때문이다.

일에 대한 더 높은 차원의 의미를 함께 발견하는 것은 팀장이 팀원에게 영감을 불러일으키는 중요한 방식이다. 팀원이 광고를 기획하라는 지시를 받았다는 이유만으로 일을 한다면 회사를 위해 일하는 직원이다. 그러나 이 제품이 꼭 필요한 사람에게 더 나은 삶을 안겨주기 위해, 그러한 사회적 가치를 실현하는 마케터로 성장하기 위해 일하고 있다면 그는 자신의 일을 하는 전문가다. 꼭 사업을 해서 내 회사를 가꾸어야만 내 일이 아니다. 나의 성장과 의미를 위해 일한다면 그것은 그 사람의 일이다. 경영학자 피터 드러커는 기업이 개인의 성장을 약속할 때 독창성을 발휘하는 책임감 있는 근로자responsible worker가 배출된다고 보았다.

사회적 태만을 연구한 서던일리노이대학교 스티븐 카라우Steven

Karau 교수는 무임승차자 연구 결과를 〈성격과 사회심리학 저널〉에 실었다. 교수는 개인이 자신의 일에서 본질적인 의미나 가치를 발견하지 못할 때 무임승차 문제가 가장 두드러지게 나타난다고 말했다. 일에서 개인적인 의미를 찾지 못하면 대학 시절 모두에게 절망과 공포를 안겨주던 팀 프로젝트와 같은 상황이 펼쳐진다. '어쩔 수 없이 꾸려졌으니까.' 'F학점은 면해야 하니까' 등의 이유로 참여하는 팀 프로젝트에서는 무임승차자가 난무한다. 회사의 팀도 마찬가지다.

일에서 개인적인 의미를 찾고 커리어를 성장시키는 것은 회사를 내 자아실현의 장으로 삼는 것과 다름없다. 회사는 팀원을 고용하고 보상을 준다. 팀원은 회사가 시켜서가 아니라 자신이 성장하기 위해, 자신에게 의미 있는 일을 하기 위해 최선을 다하고 결국 회사에 성과를 가져다준다.

욕구단계설로 알려진 심리학자 에이브러햄 매슬로 Abraham Maslow 가 이야기하고 싶었던 본질이 바로 여기에 있다. 그는 단순히 다른 욕구보다 위쪽 단계에 자아실현 욕구가 있다고 말하려는 것이 아니었다. 그는 '좋은 기업이 어떠해야 하는가?'를 말하기 위해『인간 욕구를 경영하라』를 집필했다. 그에 따르면 '자아실현을 지향하는 사람들'이 '좋은 기업'을 만들고, '좋은 기업'이 '자아실현을 지향하는 사람들'을 만든다. 그 선순환을 만드는 게 팀장의 역할이다.

# 팀원의 꿈에서
# 커리어의 의미를 찾아야 한다

—

팀원들은 대부분 커리어 목표를 가지고 있지 않다. 일이 자신의 장기적인 비전에 어떤 의미가 있는지 계획하고 살아가는 사람도 적다. 사회가 요구하는 길만을 쫓아온 우리 사회에서는 아직 익숙한 개념이 아니다. 팀장은 팀원의 커리어 의미를 함께 발견하기 위해 그들의 꿈을 알아야 한다. 팀원들이 각자 무엇을 이루고 싶은지, 무엇을 위해 살고 있는지 관심을 기울여야 한다. 승진 목표에 대한 이야기가 아니다. 현재의 불만을 해결하기 위한 목표를 말하는 것도 아니다. 어떤 꿈을 꾸고 있고 지금 이 순간 이 일이 그 꿈에 어떤 연결고리를 형성하는지에 관한 대화가 필요하다.

꿈이라는 개념이 너무 거창하다면 어떤 존재가 되고 싶은지가 아닌 어떤 사람으로 살고 싶은지로 질문을 바꾸어보자. 과거에는 학생들의 진로 지도가 직업에 초점을 맞추고 있었다. 군인이나 소방관이 되고 싶다는 것이 우리가 생각하는 진로였다. 하지만 더 중요한 질문은 인생을 살면서 어떤 가치와 의미를 중요하게 여길 것인가다. 누군가는 자신의 몸을 단련해 생명이라는 고귀한 가치를 지키는 의미에 유독 가슴이 뛴다. 이런 의미를 쫓는 사람이라면 반드시 하나의 직업을 고집할 필요가 없다. 군인이 되든, 소방관이 되든 자신이 중요하게 여기는 의미를 위해 살아가는 것이기 때문이다.

**167**

내 어린 시절 꿈은 소설 작가였다. 꽤 오랜 시간 단편 소설을 습작했다. 또 잠깐은 래퍼의 꿈이 열병처럼 지나갔다. 노래를 만들고 공연을 열기도 했었다. 결국 사회적으로 안착한 직업은 경영 컨설턴트였는데 꿈과는 꽤 먼 곳에 도착했다고 생각하며 살았다. 그러던 어느 날 프로젝트 결과 보고회를 준비하며 문득 지금의 내 안에 어린 시절의 소설가와 래퍼가 모두 담겨 있다는 생각을 했다. 기업 임원들에게 들려줄 새로운 이야기를 만들어서 프레젠테이션으로 선보인다. 소설가의 스토리텔링도, 래퍼의 가사와 무대도 모두 지금 나의 일부였다. 내 직업의 의미가 새롭게 와닿았다. 결국 나는 타인에게 '영감을 주는 일'에 의미를 두는 사람이었다. 나는 어린 시절 꿈의 연장선상에서 살고 있는 것이었다.

실리콘밸리 기업 CEO들의 코치 킴 스콧Kim Scott도 자신의 베스트셀러 『실리콘밸리의 팀장들』에서 팀원의 꿈을 이해하는 것의 중요성을 강조했다. 그가 팀장들에게 제안하는 대화는 3단계로 구성된다. 각 단계는 팀원의 삶에 대한 이야기를 듣는 것, 팀원의 꿈을 이해하는 것, 6~18개월 단위 계획을 함께 마련하는 것이다. 팀장과 팀원의 관계는 영원하지 않다. 하지만 팀원의 꿈은 영원하다. 두 사람이 함께하는 짧은 시간 동안 팀원은 꿈에 다가가기 위해 무엇을 배워야 하고, 그러기 위해 어떤 역할을 맡아야 하는지를 알아야 한다. 책에 따르면 "팀장은 현재에서 미래로 나아가는 길을 보여줌으로써 강력한 영감을 불어넣을 수 있다."

## 더 멀리 보는
## 팀장의 버드아이뷰

팀원들은 회사를 위한 일이 아닌 자신의 일을 하고 있다고 생각할 때 몰입한다. 회사를 통해 팀원이 스스로 중요하게 생각하는 의미를 이룰 수 있을 때, 그 도착지까지 가는 과정에 팀장의 역량과 경험, 팀장이 조성해주는 환경이 도움이 될 때 두 사람은 두터운 신뢰 관계를 만들 수 있다. 팀원이 커리어 정체성을 찾을 수 있도록 지원하자. 전문가로 성장해 자아실현의 먼 여정을 출발할 수 있도록 하자. 아직 뚜렷한 목표 의식이 없다면 그의 삶에 대한 이야기와 꿈에 대한 대화부터 시작하자. 팀원에게 소중한 꿈과 가치가 무엇인지, 그것이 회사에서의 오늘 하루와 어떻게 연결될 수 있는지 함께 고민하자.

PART 5

# 팀 문화의 관점

## 승리하는 분위기를 불어넣을 수 있는가?

내가 속해 있던 조직의 조직장이 갑작스럽게 회사를 떠나는 일이 있었다. 누구나 개인을 위해 더 좋은 선택을 할 자유가 있지만 리더의 퇴사는 조직에 혼란과 불안을 가져오기 마련이다. 당시 떠나는 조직장 아래에서 팀장을 맡고 있던 나는 지금 이 순간 내가 해야 하는 말이 무엇일지 고민했다. 그리고 내린 결론은 이랬다.

"저는 안 떠납니다. 이곳에 두 발을 딛고 서서 우리가 함께 성공하는 모습을 지켜볼 거예요. 우리의 어떤 역량도 훼손되지 않았습니다. 마음을 추스르고 나면 오늘도 어제와 같은 하루입니다."

리더가 떠나는 상황에서 나는 조직이 더 이상의 흔들림을 겪지는 않을 것이라는 사실을 분명하게 해두고 싶었다. 이별은 이미 일어난 일이고 돌이킬 수 없다. 그리고 이별은 어떤 다른 상흔도 남기지 않을 것이다. 우리는 아무 일 없던 것처럼 다시 굳건하게 뭉쳐서 우리가 해야 하는 일들을 해나갈 것이다. 팀장으로서 그런 마음가짐을 비석에 새겨 세우듯 팀원들에게 분명하게 밝히는 게 내가 할 일이었다.

팀장은 자신의 영향력을 먼저 인식해야 한다. 팀원들은 항상 팀장의 행동을 지켜보며 자신이 이 조직에서 어떻게 행동해야 하는지를 결정한다. 배달의민족 사무실에는 '나도 누군가에게 회사다'라는 말이 곳곳에 붙어 있다. 사람들은 곧잘 '회사가 마음에 든다.' '회사가 싫어졌다'라는 말을 하지만 사실 회사는 실체가 없다. 우리는 함께 일하는 주변 사람을 보며 '회사'라는 것을 실체화하고 평가한다. 그중에서도 팀장은 영향력이 누구보다 크다.

유능한 팀장은 팀원들이 '이 사람과 함께하면 성과를 낼 수 있겠다.' '그리고 그 과정이 내 커리어에도 의미가 있겠다'라는 생각을 하게 만든다. 성공에 대한 확신을 가진 팀에서 실제로 성과가 나온다. 이러한 이유 때문에 팀장은 팀에 승리를 위한 기세와 분위기를 불어넣는 관점을 익혀야 한다. 만화 〈원피스〉에 등장한 주인공 '루피'와 같은 리더의 모습을 현실에서 구현한 이들은 "너 내 동료가 되어라." 같은 말을 하지 않는다. 기꺼이 동료가 되고 싶은 꿈을 꾸고, 그런 모습을 보여준다.

# 위대한 문화를 위해
# 오늘도 농사를 짓는다

"최고의 마케터는 사냥꾼이 아닌 농부다. 심고, 가꾸고, 갈고, 비료를 주고, 잡초를 뽑아라. 이 일을 반복하라. 반짝이는 물건을 좇는 일은 다른 사람에게 맡겨라." 21세기 최고의 마케팅 대가 세스 고딘Seth Godin의 말이다. 팀 문화를 만드는 관점에서 보면 마케터를 팀장으로만 바꾸어도 손색없는 격언이 된다. 문화는 하루아침에 반짝하고 만들어지는 게 아니기 때문이다. 팀 문화의 중요성을 아는 팀장은 문화에 미치는 자신의 영향력을 알고 스스로를 통제한다. 말이 아닌 매일의 행동으로 보여주며 가치를 실천한다. 봄, 여름, 가을에 잘 가꾸고 추수한 문화는 추운 겨울에 빛을 발한다.


## 팀에도 팀만의
## 고유한 문화가 중요하다

—

기업문화의 중요성을 부정하는 사람은 없다. 많은 연구가 좋은 문화와 기업 실적 간 상관관계를 증명한다. 회사를 선택할 때도 기업문화는 주요한 결정 기준이다. 하지만 팀 문화가 개인에게 미치는 영향을 생각해본다면 기업문화는 어쩌면 과장된 신화일지도 모른다.

1명의 개인이 수백 명에서 수만 명이 이루는 집단적인 문화를 체감하는 일은 드물다. 물론 회사 전체에 흐르는 은은한 분위기는 실재하지만 우리의 일상은 내 주변의 5명에서 많게는 20명 정도에게 훨씬 큰 영향을 받는다. 내 하루는 누구와 일하고 소통하느냐에 달려 있다. 팀바팀(영어로 Team by Team이며, 팀에 따라 다르다는 의미의 신조어)이라는 말을 괜히 하는 게 아니다.

팀장이 되면 내가 책임지는 팀의 구성원들이 어떤 문화를 공유할 것인지를 고려해야 한다. 지금까지 팀원으로서 생활하면서도 우리는 모두 팀의 문화로부터 영향을 받았다. 팀장이 팀 문화의 중요성을 이해하고 긍정적인 문화를 가꾸려고 노력했다면 긍정적인 방향 또는 부정적인 방향으로 문화를 체감했을 것이다. 팀장이 원하든 원하지 않든 팀 문화는 엄연히 존재한다. 그 문화에 따라 팀원들은 자신이 팀 안에서 어떻게 말하고 행동할지 결정한다. 유능한 팀장은 '자신과 다른 팀원의 관계'만 생각하지 않는다. 팀원들이 서로 영향을 주고받는 문화를 버드아이뷰로 조망할 줄 알아야 한다.

영국 옥스퍼드대학교의 진화인류학 교수 로빈 던바<sup>Robin Dunbar</sup>는 인간이 이루는 공동체의 유형을 규모에 따라 나누었다. 지속적인 관계를 유지할 수 있는 가장 큰 공동체는 150명 규모인데 던바는 이를 빌리지<sup>village</sup>라고 불렀다. 그보다 작은 50명 그룹을 밴드, 15명 규모를 사냥그룹, 가장 작은 5명 그룹을 버디<sup>buddy</sup>그룹으로 정의했다. 연구에 따르면 인간은 더 작은 규모의 그룹에서 더 큰 정서적 유대감을 느낀다. 15명의 사냥그룹부터 인간은 구체적인 공동의 목표를 위해 긴밀히 협력한다. 구성원이 느끼는 서로의 신뢰는 물론 버디그룹에서 가장 높다. 5명에서 15명 정도의 팀은 공동의 목표와 끈끈한 유대감을 공유한다.

인간은 대체로 일정한 규모의 집단을 유지하며 살아간다. 아무리 발이 넓은 사람이라도 버디나 사냥그룹의 관계를 수십, 수백 명으로 늘리지 못한다. 『무엇이 성과를 이끄는가』의 저자 닐 도쉬<sup>Neel Doshi</sup>는 이 이유를 시간의 제약 때문이라 추정한다. 24시간은 모두에게 주어지는 공평한 자원이다. 빌리지 수준의 관계 유지를 위해 한 달 평균 10분이 필요한데 사냥그룹은 1시간, 버디그룹은 4시간 30분을 필요로 한다. 깊은 유대감과 목표를 공유하려면 더 많은 시간을 함께 해야 한다는 의미다. 그렇기 때문에 기업문화가 팀의 문화를 이끌어줄 수는 있지만 대체할 수는 없다.

같은 문화를 공유하는 것은 서로를 신뢰한다는 의미다. 팀의 성과를 위한 가치관을 공유하기 때문에 서로의 행동 양식이 합의되어 있다. 서로가 어떻게 느끼고 반응하며 행동하는 예측할 수 있기 때문에 믿을 수 있다.

베스트셀러『신뢰의 속도』의 저자 스티븐 M. R. 코비Stephen M. R. Covey는 "높은 신뢰는 배당금이며, 낮은 신뢰는 세금"이라고 말한다. 공유하는 문화도 없이 팀으로 일한다는 것은 공기가 부족한 상태에서 뛰는 것과 마찬가지다. 무거운 산소통을 메고 달린다 해도 좀처럼 속도가 날 수 없다.

## 팀장은 팀원들이 지켜보는
## 어항 속에 산다
—

팀장의 존재는 팀 문화에 지대한 영향을 미친다. 팀원들은 팀장을 관찰하며 조직이 권장하는 행동을 알아차리기 때문이다. 미국의 심리학계 석학 앨버트 밴듀라Albert Bandura는 '보보 인형 실험'으로 권위를 가진 인물의 행동이 다른 사람의 행동에 미치는 영향을 밝혀냈다. 망치로 보보 인형을 때리는 어른의 행동을 본 아이들은 보보 인형에 높은 공격성을 드러냈다. 어른의 행동을 관찰하며 학습한 것이다. 학자들은 인간에게 '거울 뉴런<sup>mirror neuron</sup>'이라 불리는 '모방 세포'가 있다고 말한다. 이 세포는 타인의 감정에 공감하는 인간의 특별한 능력을 만든다. 동시에 타인의 행동을 모방 학습하게도 한다.

미국 최대 통신사 버라이즌 와이어리스<sup>Verizon wireless</sup>의 전 회장의 저서『성과를 내는 팀장은 다르다』에 "당신이 팀장이라면 어항 속의 물고기처럼 모두의 시선 속에 있다"라고 적혀 있다. 즉 팀장은 팀원들이 둘러싼 현미경 아래에서 관찰당한다. 사소한 말 한마디, 동작, 시선과 태도, 그날의 감정까지 모두 팀원들은 예의주시한다. 그리고 이 모든 관찰의 결과는 팀 문화와 전반적인 분위기에 영향을 미친다.

팀 문화를 결정하는 것은 팀장이 문화에 대해 생각하는 바나 주장하는 말이 아니다. 팀장이 매일 아침 어떤 모습으로 나타나는지, 사람들을 어떤 방식으로 대하는지가 문화를 결정한다. 팀장은 자신의 영향력을 인식해야 한다. 그 영향력이 문화를 파괴하지 않도록 사려 깊게 행동해야 한다. 많은 팀장이 이 사실 자체를 부정한다. 팀원들은 자신을 그렇게 어려운 존재로 대하지 않는다고 믿기도 한다. 하지만 이것은 팀장과 팀원 사이에 형성되는 친밀도의 문제가 아니다. 팀원들은 자신이 이 조직에서 어떤 행동을 해야 하고, 하지 않아야 하는지에 대한 기준을 팀장을 토대로 세운다.

좋은 문화를 쌓는 것은 오랜 시간이 걸린다. 문화는 팀을 떠받치는 근육이라서 매일 훈련하지 않으면 약해진다. 그리고 문화는 평소에 잘 드러나지 않는다. 특히 회사가 성장하고 잘될 때는 부정적인 문화도 문제가 되지 않는다. 문화가 모습을 드러내는 때는 팀이 위기나 시련을 만날 때다. 좋은 문화를 훈련해온 팀은 공고하게 위기를 버틴다. 나쁜 문화의 팀은 그동안 유예해왔던 모든 문제들이 터지기 시작한다. 스탠퍼드경영대학원 교수 조엘 피터슨<sup>Joel</sup> <sup>Peterson</sup>은 저서『신뢰의 힘』에서 신뢰의 문화를 이렇게 표현했다.

"건물을 지을 때 기둥을 박고, 철근을 보강하고, 콘크리트를 부어 넣는 기초 작업은 사람들 시야에서 금방 사라진다. 하지만 거센 태풍이 닥치면 비로소 그 중요성이 빛을 발한다."

## 해야 하는 것과
## 하지 말아야 할 것

—

회사에 따라, 팀장의 스타일과 업무의 성격에 따라 지향하는 문화는 다르다. 좋은 팀의 문화를 하나로 규정할 수 없다. 다만, 팀장으로서 팀의 문화가 파괴되지 않게 주의해야 하는 몇 가지 행동 지침이 있다.

먼저 자신의 기분이 태도가 되지 않아야 한다. 누구나 나쁜 기분의 상태에 빠질 수 있다. 다만, 팀장이 자신의 부정적 감정을 팀원을 대하는 상황에 가져온다면 팀원들도 마찬가지로 서로를 대할 때 '내 기분이 태도가 되지 않아야 한다'라는 원칙을 쉽게 어긴다. 그래도 부정적인 감정을 숨기기 어렵다면 '내가 좀 기분이 다운된 거 같다면 여러분 때문이 아닙니다. 아침에 가족과 갈등이 좀 있었어요'라고 솔직하게 털어놓는 편이 낫다.

문화는 말이 아닌 행동을 반영한다. 팀 주변에 일어난 어떤 일에도 주인 의식을 가지고 임해야 한다. 『실리콘밸리의 팀장들』의 저자 킴 스콧은 구글에 근무할 당시 이와 관련한 자신의 경험을 소개했다. 팀원들에게 늘 효율성을 강조하던 그는 사무실 소파에 앉으러 갈 때마다 빙 돌아야 했기에 동선이 비효율적이라고 느꼈다. 비효율을 발견한 즉시 그는 소파를 혼자 밀기 시작했다. "새로운 일을 맡으셨나 봐요"라고 농담하는 팀원들에게 그는 이렇게 밀했다. "문제가 생기면 그걸 고치는 게 우리 일이죠!" 그가 구글을 떠난 후 팀 사무실 벽에는 새로운 슬로건이 붙었다고 한다. "우리 팀은 소파를 옮긴다!" 먼저 움직이는 작은 행동 하나에서 팀장이 지향하는 문화가 가장 잘 드러난 것이다.

기분이 태도가 되는 것을 막고 행동으로 문화를 형성하는 것만큼 중요한 일이 또 하나 있다. 팀장 스스로의 부정적인 생각과 회의적인 태도를 다스리는 것이다. 팀장은 팀원들이 자신을 찾아올 때 자신의 일에 대한 열정을 얻어가 사기를 높일 수 있게 해야 한다. 팀원들이 서로에게 불을 전달하면서 말이다. 하지만 많은 팀장이 팀원에게 열정을 옮겨주는 일에 실패한다. 하고 있는 일에 대한 확신을 팀원에게 심어주기에 자신의 에너지 자체가 낮기 때문이다. 에너지를 높이려면 늘 긍정적인 태도로 새로운 것을 배우고 위험을 감수하며 도전해야 한다.

과거 함께 일했던 동료 팀장의 별명은 '열정소방관'이었다. 넘치는 열정으로 일에 임하던 팀원들이 팀장에게 보고만 하면 팀장은 그 불씨를 꺼뜨리기 일쑤였다. "좋은 아이디어 같은데 정말 그게 될까요?"라며 대책 없이 회의론을 던지며 고뇌에 빠진 팀장을 보며 팀원은 이렇게 생각한다. '그럼 뭐 어쩌라고. 진작 아니라고 하든지.'

이런 일이 반복되면 팀원마저 일을 할 때도, 보고를 할 때도 회의론에서 시작한다. 위험을 감수하는 도전이나 새로운 아이디어는 아무도 시도하지 않는다. 신중한 태도와 열정을 꺼뜨리는 태도는 다르다. 신중함은 회의적인 태도가 아니다. 회의적은 태도는 안될 이유를 찾는 것이다. 신중함은 될 이유를 찾거나 되게 하기 위해 점검해야 하는 위험을 찾는 것이다.

---

**더 멀리 보는**
**팀장의 버드아이뷰**

"조직의 리더에게 있어 신뢰가 없는 권력은 공허한 승리이자 사상누각의 관리적 기반에 불과하다." 스탠퍼드경영대학원 로더릭 크레이머Roderick Kramer 교수의 말이다. 팀장은 팀원들이 서로 같은 가치관을 공유하며 신뢰할 수 있도록 팀의 문화를 가꾼다. 팀장과 팀원들은 가족만큼 많은 시간을 함께 보낸다. 그 시간 동안 좋은 문화와 신뢰를 쌓아갈지, 나쁜 문화를 쌓아갈지는 팀장에게 달려 있다. 팀원들은 팀장의 행동을 관찰하고 모방하기 때문이다. 팀장은 자신의 영향력이 좋은 문화를 쌓는 데 쓰일 수 있도록 스스로의 기분을 통제하고, 행동으로 문화를 실천한다. 팀장의 긍정적인 태도는 팀원들에게 늘 도전의 불씨를 전달한다.

# 화성 가는 꿈으로
# 똘똘 뭉쳐라

리더십 권위자 존 코터John Kotter는 "리더십이 비전에서 출발한다"라고 말한다. 팀원들이 같은 문화를 공유하려면 함께 바라볼 수 있는 비전이 있어야 한다. 팀장은 회사의 비전 아래 팀이 공유하는 꿈을 꾼다.

무엇보다 비전은 원대해야 한다. 팀장은 팀원들이 내가 이 팀을 위해 헌신해야 하는 명분과 확신을 제시할 수 있어야 한다. 목표와 구별되는 가슴 설레는 꿈에 대한 이미지를 제시하고 반복적으로 설명하는 것도 팀 문화를 가꾸는 팀장으로서 도맡아야 하는 역할이다.

# 원대하고 감동적인 비전은
# 팀원들을 설레게 한다

———

컨설팅 프로젝트를 담당하던 고객사 임원과 점심 식사를 하고 돌아오던 길이었다. 그는 누가 봐도 열정 넘치는 임원이었고 애사심이 특히 강한 사람이었다. 회사의 일이라면 매사에 최선을 다했고 그 결과 남들보다 빠르게 임원 자리에 올랐다. 일을 할 때는 늘 확신에 찬 모습이었던 그는 웬일로 한숨을 쉬며 고민을 늘어놓았다.

"김 팀장, 스페이스X의 우주선 발사 장면을 찍은 유튜브 영상 봤어요? 거기 보면 우주선이 발사될 때 스페이스X 직원들이 서로 부둥켜 안고 눈물을 흘리며 성공을 축하해요. 그들도 회사원일 뿐인데 회사의 성공에 그렇게 열정을 다하는 거죠. 그래서 우리 직원들을 모아놓고 그 영상을 시청하게 했어요. 그런데 반응이 떨떠름했어요. 사실 좀 무안할 정도였어요. 그래서 '이렇게 회사 일에 눈물을 흘릴 정도로 주인 의식을 가지고 임해야 한다'라고 잔소리만 하고 끝나버렸네요."

스페이스X는 테슬라의 CEO인 일론 머스크<sup>Elon Musk</sup>가 설립한 우주탐사 기업이며 민간 기업 최초로 유인 우주선 발사에 성공했다. NASA 같은 정부 기관의 전유물이었던 우주 개발 사업에 뛰어든 이 민간 기업은 세계 최고의 기술을 연구하는 기업이다. 스페이스X는 일반인들이 우주여행을 즐길 수 있도록 하는 상업 우주여행 사업에 투자하고, 우주여행 비용 절감을 위해 회수 가능한 로켓 기술을 개발한다. 무엇보다 스페이스X는 인류가 화성에 이주 지역을 건설하고 지구와 화성 간의 다중 행성 종족을 실현하는 것을 궁극적인 비전으로 삼는 기업이다.

"상무님, 스페이스X의 직원과 우리 직원들이 가지는 주인 의식의 차이에 앞서 스페이스X가 제시하는 비전과 우리 회사가 제시하는 비전의 차이를 먼저 살펴봐야 하지 않을까요? 누구나 중요한 일, 위대한 일에 동참하고 있다고 생각한다면 그에 걸맞게 행동할 거 같습니다. 그 위대한 목표 달성을 위해 내가 중요한 역할을 한다고 생각한다면 말이죠."

대기업들의 성과관리 제도는 여전히 1950년대 피터 드러커가 고안한 MBO<sup>Management By Objective</sup> 방식을 대부분 따른다. 회사의 재무 목표 달성을 위해 각 팀들은 하위 목표를 쪼개어 가진다. 매출, 이익, 시장 점유율 등 실적 목표로만 평가받을 때 직원들은 스스로를 사업 계획의 부속품 정도로 여기게 된다. 물론 실적 목표는 중요하지만 대체로 이것 때문에 가슴이 설레지는 않는다.

"장기적인 비전을 가지면 단기적인 실패들에 낙담하지 않는다."
2차 세계대전 당시 미국의 무기 개발을 주도한 군인이자 공학자 찰스 노블<sup>Charls Noble</sup>의 말이다. 단기적인 실적만을 보고 달리는 팀은 그 목표에 이르지 못했을 때 낙담하게 된다. 그러나 원대한 비전을 가지고 있는 팀은 눈앞의 실패에 지쳐도 기댈 곳이 있다. 험난한 길을 걷고 있어도 이를 가치 있는 희생이라 여기며 감수할 수 있다. 팀장은 팀이 부여받은 목표와 팀이 자체적으로 세운 원대한 비전의 균형을 잡아가야 한다. 특히, 회사가 직원들을 설레게 하는 비전을 제시하지 못한다면 더욱 그렇다.

## 팀장은 명분과 확신을 통해
## 팀원들의 자부심을 불어넣는다

—

〈리딤 팀The Redeem Team〉은 팀워크의 부재로 최악의 부진을 겪던 2000년대 초반 미국 국가대표 농구팀의 부활을 다룬 다큐멘터리다. 당시 미국 팀은 세계 최강이라는 자만심 때문에 변화한 세계 농구에 적응하지 못했다. 슈퍼스타들의 개별적인 개인기 중심으로 경기를 운영하던 미국은 팀워크를 앞세운 국가들에 일격을 당했다.

사태를 수습하기 위해 새로운 감독 마이크 시셰프스키Mike Krzyewski 가 부임했다. 그는 먼저 조롱당하는 위치를 벗어나 '미국의 존중과 세계의 존중을 되찾아 오자'라는 비전을 세웠다. 참전 군인들을 불러 국가를 위해 봉사한다는 것의 의미를 이야기하게 했다. 금메달이 그려진 노트를 선물하기도 하고, 선배 국가 대표 선수들을 데려와 '미국을 대표하는 자부심'을 이야기하게 했다.

리더로서 그는 선수들에게 '미국을 대표한다'라는 대의명분을 심어주기 위해 노력했다. 그리고 명분에서 그치지 않고 경쟁 팀을 상대할 과학적이고 구체적인 작전과 선수 배치를 제시함으로써 선수들로 하여금 승리를 확신하게 만들었다.

명분과 확신이 만들어지자 선수들도 반응을 보였다. 르브론 제임스Lebron James와 코비 브라이언트라는 섞일 수 없을 거 같던 최고의 슈퍼스타들이 팀워크를 발휘하기 시작했다. 시셰프스키는 선수들에게 이 일을 해야 하는 분명한 명분과 목적지를 제시했다. 그리고 그 목적지에 도달할 것이라는 분명한 확신을 심어주었다.

명분과 확신이 있으면 팀원들은 용기를 얻는다. 같은 일을 하더라도 일의 가치와 의미를 새롭게 재발견한다. 이는 일에 대한 자부심이자 헌신하는 동기로 치환된다. 앞서 언급한 대기업도 창업자가 처음 사업을 시작할 때는 스페이스X 못지않은 원대한 비전을 가지고 있었을 것이다. 하지만 조직에 역사가 쌓이고, 규모가 커지고, 관료화가 진행되며 비전은 아무도 읽지 않는 사업보고서의 한 줄로 전락했을 것이다.

회사를 바꾸는 것은 어렵지만 팀 단위에서 문화를 가꾸고 비전을 세우는 일은 팀장으로서 한번 도전해볼 만한 일이다. 그러면 어디에서부터 시작해야 할까? 팀의 비전을 어떻게 만들고 전파해야 할까?

**187**

# 팀의 비전은
# 어떻게 만들어야 할까?

—

팀장은 비전과 목표를 구분해야 한다. 목표가 단기적이고 측정 가능하면 비전은 가슴 설레는 명분과 미래 지향적인 방향성이 필요하다. 베스트셀러 작가 사이먼 시넥Simon Sinek은 "변동성과 복잡성이 높아진 현대 사회에서는 단기 승패 위주의 사고방식을 가져서는 안 된다"라고 주장한다. 그는 지금 오늘날 게임의 규칙은 끝이 없는 '무한 게임'으로 변했다고 말한다.

또 이러한 무한 게임에서는 우리가 어떤 공적인 헌신과 꿈을 가지고 있는지에 대한 대의명분이 중요하다고 주장한다. 업계 최고가 되겠다거나, 최고의 제품을 만들겠다는 회사 내부로의 시선이 아닌, 이해관계자와 사회를 어떻게 이롭게 만들 것인지를 보아야 한다. 즉 회사의 팀은 외부지향성을 가져야 한다.

팀이 지향하는 비전은 구체적이어야 한다. 비록 비전을 표현하는 어휘들은 추상적일지라도 그 어휘를 듣고 사람들이 떠올리는 이미지는 동일해야 한다. 올림픽에 나가는 운동선수들은 성공에 대한 구체적인 이미지를 가진다. 시상대에 서고 메달을 목에 걸면 국기가 올라가면서 국가가 울려 퍼지고 박수 세례가 쏟아진다. 비전이 이루어지는 순간을 담은 생생한 이미지가 곧 비전의 구체성이다.

팀장은 한번 세운 비전을 끝없이 반복적으로 말하고 보여주어

팀장의 관점

야 한다. 유명한 미국의 기업인 중 한 사람인 잭 웰치Jack Welch도 반복의 중요성과 필요성을 "회사의 비전을 700번 반복해 제시하면 비로소 성과가 난다"라고 표현했다. '이 정도 이야기했으면 알겠지'라는 생각을 할 여유가 있다면 비전을 한 번이라도 더 상기시키자. 다른 기업가의 말을 빌리자면 사진을 2장씩 비교하며 팀원들이 둘 중 하나를 선택하는데 모두 같은 선택을 100번 이상 할 수 있을 때까지 원하는 것을 반복적으로 말해야 한다. 가장 효과적인 반복은 행동으로 보여주는 것이고, 그럴 수 없다면 말로라도 해야 한다.

마이리얼트립myrealtrip은 가장 주목받는 여행 스타트업이다. 여행의 변화를 선도하는 이 회사는 'Travel Everyday(매일 여행)'라는 비전을 품고 있다. 확고한 회사의 비전 아래 개발 조직 중 하나인 Experience(경험) 개발팀은 팀 구성원들을 위한 팀의 비전을 다시 설계했다. 팀의 비전은 우리가 해야만 하는 것, 우리가 되고자 하는 것 두 가지로 구성된다.

먼저 '우리가 해야만 하는 것'은 어떤 고객에게, 어떤 공헌을 할 것인가에 초점을 맞추고 있다. 마이리얼트립 서비스의 고객은 사용자와 가이드인 외부 고객이다. 하지만 Experience 개발팀의 역할은 외부 고객의 문제를 해결하려는 회사 내 동료들의 문제를 함께 해결해주는 것에 가까웠다. 팀의 고객은 다른 부서 동료들이었다. 그리고 팀이 해야만 하는 일은 이 동료들이 가진 고민을 자동화와 기능화라는 기술의 본질로서 해결해주는 것이었다.

두 번째인 '우리가 되고자 하는 것' 관점에서 이 팀은 'exciting

(흥미진진한)'이라는 정체성을 정의했다. Exciting이라는 정체성은 네 가지 실천 방안을 통해 구체적인 이미지로 형상화된다. 내부 고객인 동료가 진짜 문제를, 효과적으로 해결할 수 있도록 해결책이 아닌 문제의 본질에 집중한다는 것. 늘 최고 수준의 해결 방안을 찾는 노력을 한다는 것. 동료들과 주도적이고 적극적으로 협업하겠다는 것. 마지막으로 빠르게 피드백하겠다는 것이다. 이 실천 방안들은 회사가 추구하는 5가지 핵심 가치와 일맥상통하기에 팀의 비전이 회사의 방향과 따로 놀지 않는다.

Experience 개발팀은 '내부 고객이 겪고 있는 문제를 자동화와 기능화의 기술로써 해결하는 것을 목표하면서, 흥미롭게(exciting) 일하는 조직'이라는 철학과 비전을 정하고, 이 모습에 너 가까워지기 위한 노력을 이어나갔다. 지향점은 행동의 준거가 된다. 팀원들은 '동료들의 문제를 해결하기 위해 얼마나 노력했는가?' '다른 팀들은 우리 팀을 흥미롭다고 느끼고 있는가?'라는 자문을 한다. 방향이 있기에 스스로를 돌아보며 한발 더 나아갈 수 있는 것이다.

## 더 멀리 보는
## 팀장의 버드아이뷰

구글은 2008년부터 좋은 관리자의 조건을 연구해오고 있다. 개발자 중심 조직인 구글에서 관리자가 필요 없다는 가설을 증명하기 위해 시작한 이 연구에서는 정반대의 결론이 나왔다. 팀의 생산성을 위해 관리자는 반드시 필요하다는 것이었다.

연구팀은 지금까지 유능한 관리자의 10가지 조건을 제시했다. 그중 하나는 팀을 위한 명확한 비전을 가지고 있어야 한다는 것이다. 우리 팀은 무엇을 하는가, 어떻게 하는가? 팀이 부여받은 미션과 지향점을 바탕으로 팀장은 팀을 위한 비전을 팀원들과 함께 설계할 수 있어야 한다. 비전은 가슴 설레는 명분이 있어야 한다. 팀장은 그 명분을 끊임없이 반복하고 증명하며 팀원들에게 확신을 불어넣어주어야 하는 존재다.

# 승리하는 팀은
# 아픔을 못 느낀다

어떤 팀이든 장기적인 성과를 내려면 이기는 습관을 길러야 한다. 여기서 이긴다는 것은 상대로부터 얻어내는 승리에만 국한되지 않는다. 스스로 정한 작은 목표라도 달성하는 성공 경험이 축적되어야 이기는 습관이 생긴다. 물론 실패도 소중하다. 실패로부터 배우고 더 강해져서 다시 도전하는 극복 능력의 중요성은 사회의 불확실성이 높아질수록 더 커진다.

그러나 실패를 딛고 일어서려면 마침내 성공할 수 있다는 확신이 전제되어야 한다. 유능한 팀장은 이기는 문화를 가꾸기 위해 의도적으로 작은 성공을 만들고 팀원들에게 성공의 스토리를 전파한다.

## 승리하는 팀 문화는
## 왜 중요한가?

—

"이기는 것은 습관이다. 작더라도 차곡차곡 성공을 쌓으면 이기는 것이 문화로 자리 잡는다"라고 말한 하버드경영대학원의 테레사 아마빌레Teresa Amabile 교수는 고성과의 비밀을 밝히기 위해 238명의 직원에게 일기를 쓰게 하고 이를 연구했다.

직원들은 일기와 함께 매일의 감정과 동기부여 상태를 점수로 표기했다. 상관관계를 분석한 결과 직원들이 평가한 최고의 날 중 75%는 일의 진전이 존재했다. 최고의 날 중에 일에 차질이 있었던 날은 단 13%에 불과했다. 반대로 최악의 날 중 25%만이 일의 진전이 있었고, 67%는 일에 차질이 있었다. 교수는 작더라도 일의 진전이 있는 날 직원은 더 좋은 내면 상태를 얻고, 이것이 다시 진전으로 이어지는 '진전의 고리'를 만들 수 있다고 결론 내렸다.

승리가 습관이 되는 이유는 우리가 사기의 영향을 받기 때문이다. 승리하면 높은 사기가 유지된다. 높은 사기는 팀원들이 더욱 일에 몰입하고 헌신할 수 있는 에너지를 이끌어낸다. 몰입과 헌신은 더 나은 성과에 영향을 주고 이는 또 다른 승리로 이어진다. 승리를 하는 선순환의 구조가 만들어지는 것이다. 승리하는 팀은 성과를 팀원들과 나눌 수 있다. 꼭 금전적인 성과가 아니라도 그렇다. 성과는 팀원들에게 포트폴리오가 되고 성공하는 팀에서 일했다는 사실은 좋은 경력이 된다. 팀원들은 승리로부터 어떤 형태로든 전리품을 챙겨간다.

또한 승리하는 팀은 같은 상황을 다르게 받아들임으로써 또 다른 승리를 만든다. 하버드대학교의 앨리슨 브룩스Alison Brooks 교수는 긴장을 해석하는 태도에 따라 성과가 달라진다는 것을 밝혀냈다. 그는 실험에서 사람들에게 수학 문제를 풀도록 했다. 문제가 몹시 어렵고 제한 시간 내에 해결해야 한다는 것을 강조하면서 의도적으로 스트레스를 유발했다. 그리고 문제를 풀기 전 '침착함을 유지하세요'와 '기대감을 가져보세요'라는 두 가지 문구를 무작위로 제시했다. 같은 문제가 주어졌지만 기대감을 가진 그룹은 다른 그룹보다 8% 높은 점수를 보였다. 스트레스와 긴장을 기대감으로 치환하면 성과가 높아진다. 승리 경험이 많은 팀이라면 같은 긴장 상황을 기대감으로 해석할 확률이 높다.

이기고 있는 팀에서는 상대적으로 내재된 문제들이 드러나지 않는다. 리더십 권위자 존 맥스웰John Maxwell은 자신의 저서 『작은 혁신』에서 이를 "높은 사기의 법칙"이라고 표현했다. 그리고 그는 팀이 지고 있을 때는 정확히 반대 현상이 일어난다고 말했다. 또한 "팀원들은 자신의 취약점에 주목하고 전보다 헌신적으로 뛰지 않는다. 사람들을 끌어들이지 못하고 오히려 밀어낸다. 동료보다 자신을 먼저 생각한다. 이처럼 지고 있을 때는 모든 게 문제가 된다"
라고 표현했다. 조직이 성과가 안 좋을 때는 팀원들은 각자의 구명
보트를 찾는다. 팀의 실패가 개인의 실패로 전이되지 않도록 최선
을 다해 막으려 든다.


## 승리에 대한 열망을
## 일을 대하는 감정으로 드러내다

—

"회장님, 왜 직원들 앞에서 그렇게 자신감 없는 모습을 보이셨습
니까? 그동안 의지를 가지고 추진하신 계획들이 좌절된 것 잘 압
니다. 저도 아쉽고 안타깝습니다. 하지만 그럴수록 직원들의 사기
를 위해 꺾이지 않는 모습을 보여주셨어야 하지 않습니까?"

국내 굴지의 대기업 그룹사 회장 앞에서 일개 부장에 불과한 사
람이 일갈하는 광경에 함께 자리에 있던 나는 적잖이 당황했다. 당
시 그 부장은 회장의 총애를 받는 핵심 인재였다. 부장은 팀원들과
함께 오래 준비한 신사업 계획을 회장에게 보고했다. 회장은 계획
에 동의했지만 새로운 일에 대한 투자를 목전에 두니 인간적인 두
려움과 망설임이 생겼고, 그런 모습을 은연중에 드러내고 말았다.
부장은 우선 컨설팅팀의 팀장인 나를 제외한 팀원들을 회의실에서

**195**

나가도록 지시했다. 세 사람만 남자, 부장은 무례하지는 않지만 강경하고 분명한 어조로 자신의 서운함을 토로했다. 그 자리가 있고 얼마 후 나는 그 부장과의 식사 자리에서 물었다.

"부장님, 회장님께 그렇게 솔직한 마음을 쏟아내시는 모습에 놀랐습니다. 회사에서는 다들 자신의 감정을 드러내지 않는 게 프로다운 모습이라 생각하는데. 반대로 행동하는 부장님의 모습을 보니 신선했어요. 하지만 한편으로는 정말 이 일에 대해 부장님이 애정과 주인 의식을 가지고 있구나 하는 생각도 들었습니다."

"김 팀장, 나는 리더 자리에서 일하면 화날 때는 화내고, 서운할 때는 서운하다고 이야기하고, 기쁠 때는 박수치며 기뻐하고, 분하고 슬플 때는 울기도 해야 한다고 생각해. 그게 책임지는 사람의 자세니까. 감정이 없다는 건 그 일을 개인적으로 대하고 있지 않기 때문이야. 일을 지극히 개인적으로 대하는 사람이야말로 몰입할 수 있고, 결정할 수 있고, 또 몰입해 있는 자신의 결정이기 때문에 책임질 수 있다고 생각해. 리더가 꼭 이기고야 말겠다, 해내고야 말겠다는 태도를 감정으로 드러낼 때 팀원들도 나를 믿고 따를 수 있지 않겠어?"

혹자는 그 부장이 일을 너무 감정적으로 대한다고 평가하지만 그는 지금도 경영진의 총애를 받으며 승승장구하고 있다. "그 친구는 일을 대하는 태도와 눈빛이 달라"라는 말을 들으면서 말이다.

팀장의 관점

우리는 종종 회사에서는 프로페셔널해야 한다는 명목하에 감정을 드러내기를 꺼린다. 감정을 드러내는 것을 무조건 나쁜 것, 미숙한 것이라고 치부하기도 한다. 하지만 유능한 팀장은 '일을 제대로 해내기 위한 갈망'을 세련되게 드러낼 줄 안다. 그리고 그런 팀장의 갈망은 불쏘시개가 되어 팀원들의 열정에 불을 지핀다.

## 작은 승리를
## 만들고, 해내고, 반복하라
—

'이기는 분위기'를 만드는 것은 사소한 성취에서 시작한다. 축구 선수 박지성은 2002년 월드컵에서 최고의 활약을 펼친 후 히딩크 감독을 따라 네덜란드의 프로 축구팀 아인트호벤으로 이적했다. 하지만 그는 이적 후 오랜 슬럼프에 시달렸다. 동료 선수들이 공개적으로 자신을 비난했고 홈팀 관중들도 야유를 보냈다.

당시 박지성 선수는 자신에게 공이 오는 것이 두려울 정도였다고 말했다. 이를 극복하기 위해 그는 사소한 것부터 다시 시작했다. 훈련장에서 바로 옆에 있는 선수에게 패스를 건네는 쉬운 일부터 속으로 자신을 칭찬했다. "잘했어. 거봐, 할 수 있잖아." 이렇게 사소한 성취를 쌓으며 자신감을 회복하려 애썼다. 그리고 머지않아 홈 관중들의 야유는 박지성을 향한 응원가로 바뀌어 있었다.

팀을 승리의 문화를 누리게 하려는 팀장이 시작해야 하는 것은 작은 승리를 만드는 것이다. 만든다는 표현이 적합한 이유는 어떤 목표를 승리의 기준으로 삼을 것인지부터 팀장이 고민해야 하기 때문이다. 아침 일찍 일어나 조깅을 하겠다는 목표가 이루어지기 어렵다면, 아침에 일어나 이불을 개자는 목표부터 시작하는 것과 마찬가지다. 영업 실적을 달성하는 목표를 가진 팀원이라면 한 사람의 고객부터 만나고 오는 성공부터 쌓아가는 것이다. 프랑스 황제 나폴레옹 보나파르트Napoleon Bonaparte는 리더를 "희망을 사고파는 상인"이라고 표현했다. 팀장은 팀을 위한 희망을 가꾸고 사고팔 수 있어야 한다.

팀장은 팀원의 작은 성공을 애써 발견해야 한다. 함께 세운 작은 목표를 딜성하는 것이 이상적이지만 성공의 빈도를 높이기 위해 칭찬의 기회를 엿봐야 한다. 팀원 입장에서 별일이 아닌 것도 칭찬과 인정을 받는 순간 그것은 성공이 된다. 인정은 팀원의 자신감과 일의 효능감을 높인다. 어제보다 조금이라도 나은 결과, 조금 더 나은 상태를 유지하기 위해 애쓰는 모습 모두가 성공으로 정의할 대상이 되어야 한다. 특히, 팀의 사기가 낮은 상태라면 성공의 빈도를 최대한 끌어올릴 필요가 있다.

작은 성공을 만들 기회나 사소한 인정의 순간이 좀처럼 눈에 들어오지 않을 수 있다. 이럴 때는 팀장이 하나의 기준만으로 팀원을 평가하려 하고 있지 않은지 점검해야 한다. 좀 더 유연한 시각에서 각자가 가진 강점과 리더십을 인정해야 한다. 그래야 다양한 성공의 모습을 정의할 수 있다.

새로운 아이디어를 적극적으로 내는 것은 성공이다. 아이디어를 실행에 옮기는 것도 성공이다. 보이지 않는 곳에서 조력하는 것도 성공이다. 팀장의 성과 기준에 만족스럽지 않지만 동료들에게 신뢰받고 팀 분위기를 유연하게 만들어주는 팀원도 나름대로의 성공을 하고 있다. 부족함을 메우기 위해 학습을 시작하거나 꾸준히 하는 성공을 거두는 팀원도 있다.

## 팀원과 팀의 승리 스토리를 널리 전파하라

—

뇌 과학자들의 연구에 따르면 사람의 뇌는 사실이 아닌 스토리를 기억한다. 우리가 일상을 겪으며 보고 듣는 정보들은 금세 휘발된다. 우리가 그 정보들 사이에서 *끄집어내는* 것은 이야기다. 잠시 마주친 사람의 옷 색깔은 기억 못 하지만 그 사람의 새로 산 옷에 대해 함께 이야기를 나누었다면 옷의 정보는 이야기와 연결되어 생생한 기억으로 남는다. 이야기는 이야기를 듣는 사람에게 그 상황을 경험한 사람의 감정이 전달하는 힘을 지녔다. 이를 과학자들은 '뉴럴 커플링'이라고 부른다. 소설을 읽으면 가상의 인물이 겪는 상황에조차 감정 이입하게 만드는 것이 우리의 뇌다.

팀장은 작은 승리를 만드는 데서 그치지 않고 이 성공의 스토리를 널리 알려야 한다. 성공 스토리를 알리는 것은 세 가지 큰 기대

효과를 불러온다. 먼저 성공을 경험한 당사자는 그것이 인정받을 만한 성공이라는 사실을 명확히 인지할 수 있다. 수고했다는 말 한 마디면 알아주겠지 하는 마음에 말을 아껴서는 성공 경험이 축적되지 않는다. 그리고 성공의 스토리는 팀 전체에 신선한 자극이 된다. 팀이 성공의 씨앗을 만들어 가고 있다는 신선한 바람이 불고 활기가 돈다. 마지막으로 외부에서 팀을 바라보는 시선이 달라지기도 한다. 성공하는 팀, 이기는 팀, 활력이 돋는 팀으로 보는 외부 시선은 다시 팀의 내부로 빨려 들어와 새로운 동력이 된다.

많은 스타트업은 전사 임직원이 모두 모여 이야기를 나누는 '타운홀 미팅'을 주기적으로 운영한다. 타운홀 미팅에서는 기본적으로 회사의 비전과 목표를 상기시키고 실적과 상황을 공유한다.

타운홀 미팅에서 빠지지 않는 주제가 하나 있다. 바로 누군가의 성공 경험을 공유하는 것이다. 주목할 만한 실적을 내거나 성공적인 프로젝트를 완수한 팀의 이야기를 함께 나누고, 필요하다면 시상을 곁들인다. 팀 단위에서는 조금 더 간소하고 일상적인 형태를 택할 수 있다. 매일 퇴근 전 10분 스탠드업 미팅, 매주 캐주얼한 주간 회의, 프로젝트가 끝나면 진행하는 회고 미팅 등에서는 모두가 우리의 성공 경험을 전파할 기회가 있어야 한다.

물론 성공 스토리의 전파는 일상적일수록 좋다. 꼭 공식적인 미팅에서만 다루어야 하는 게 아니다. 다만, 성공 스토리를 전파하는 목적은 순수하게 팀이 함께 옳은 방향으로 나아가고 있다는 확신을 느끼는 데 있어야 한다. 팀원들 간의 경쟁을 부추기거나 누군가

팀장의 관점

의 소외감을 야기한다면 올바른 스토리의 전파라고 할 수 없다. 누군가를 치켜세우겠다는 의도나 누군가를 자극하고 면박을 주겠다는 팀장의 의도가 조금이라도 담긴다면 스토리의 전파는 오히려 조직의 정치로 변질될 수 있다. 팀원들 간의 신뢰가 아직 낮은 상태라면 팀원들이 동등하게 스토리의 주인공이 되도록 만드는 감수성이 필요하다.

## 더 멀리 보는
## 팀장의 버드아이뷰

"이길 때는 아무 것도 아프지 않다When we win, nothing hurts." 한 시대를 풍미한 뉴욕 제츠 미식축구팀의 전설적인 쿼터백 조 네이머스Joe Namath의 말이다. 이기는 습관이 팀의 문화로 자리 잡으면 성과는 물론 팀의 단합력도 강해진다. 팀장은 팀에 이기는 습관을 정착시키기 위해 작은 목표부터 시작해야 한다. 팀원들이 사소한 성취를 하도록 하고, 때로는 보이지 않는 성취들을 애써 발견해야 한다. 그리고 이 성공의 이야기들이 팀의 곳곳과 팀 바깥으로 퍼져나갈 수 있게 해야 한다. 팀장이 성공 스토리에 대한 좋은 이야기꾼이 되면 자연스럽게 팀은 성공을 습관으로 내면화한다.

PART 6

# 멘탈 관리의 관점

## 자신의 멘탈을 다스릴 수 있는가?

"정말 하나부터 열까지 엉망입니다. 보고서의 내용은 핵심을 전혀 짚고 있지 못합니다. 여러분들이 이 사업을 제대로 이해하고 있는지 의심이 들 정도입니다. 저는 충분한 시간을 주었고, 업무 진행에 대한 자율권을 주었다고 생각합니다. 그런데 점심 식사에 거의 2시간을 넘게 자리를 비우는가 하면, 출근 시간조차 제대로 지켜지지 않는 거 같네요. 지금 제대로 돌아가는 게 대체 뭐죠?"

4명의 팀원들이 작은 팀을 이루어 만든 보고서를 저녁 늦게 확인하고 나는 화가 치밀었다. 먼저 보고서의 완성도가 마음에 들지 않았다. 그러자 평소 팀원들의 마음에 들지 않던 모습들까지 떠올랐고, 혼자 상상의 나래를 펼치며 팀원들의 일하는 과정의 모습과 결과의 낮은 완성도를 연결 지었다. 열심히 하지 않았기 때문에 이런 결과가 나온 거라고 단정 지었다. 나는 큰 문제를 일으키고 말았다. 이메일에 전체 답장으로 나의 화를 쏟아내버렸다. 다음 날 가장 상급자인 팀원이 아침 일찍 나를 찾아왔다.

"보고서는 오늘까지 다시 작성하겠습니다. 부족한 부분이 많았던 거 같아요. 하지만 질책은 저를 따로 불러 하셨더라면 더 좋았을 거 같습니다. 공개적으로 비난하시기보다요."

하루가 지나면서 나는 전날의 화가 누그러진 상태였다. 팀원의 솔직한 말에 나는 큰 부끄러움을 느꼈다. 쥐구멍에라도 숨고 싶은 심정이었다. 아이를 혼낼 때도 다른 아이가 보는 앞이 아닌 곳에 따로 가서 해야 한다는 육아 프로그램의 한 장면도 떠올랐다. 미숙하게 쏟아낸 나의 가혹한 말들은 상황을 해결하는 데 도움을 준 게 아니었다. 오히려 나에 대한 신뢰와 심리적 안전감을 무너뜨리는 결과를 낳았다.

# 팀장의 멘탈은 굳건한 산처럼,
# 드넓은 바다처럼

팀장이 버드아이뷰로 내려다보아야 하는 또 다른 대상은 바로 나 자신이다. 성과 압박을 느끼는 자리인 팀장은 여러 스트레스 상황에 놓인다. 일뿐만 아니라 사람 관계에 있어서도 샌드위치처럼 끼어 온갖 복잡하게 꼬인 문제를 직면한다. 멘탈이 흔들리기도 하고, 가시 돋친 말과 행동으로 주변에 상처주기도 한다. 그래서 심리적인 압박을 받을수록 팀장은 자신의 상황을 한발 물러서 관조할 줄 알아야 한다. 스스로에게서 한발 떨어지면 자신이 겪고 있는 감정이 보인다.

감정은 전염된다. 더욱이 부정적인 감정은 전염성이 높다. 시갈 바르세이드Sigal Barsade 와튼경영대학원 교수는 "구성원들은 '감정 유발자'로서 자신의 감정을 타인에게 끊임없이 퍼뜨린다"라고 말한다. 팀장의 불안은 구성원 전체의 감정을 폭파시킬 정도로 영향력이 크다. 이는 팀장들이 늘 자신의 멘탈을 부여잡고 버텨야 하는 이유다. 팀장도 다 같은 사람인데 왜 부정적 감정이 들지 않겠는가? 다만, 팀장은 이를 빠르게 극복하는 방법을 알고 실천에 옮겨야 한다. 팀원들보다 더 오랜 기간 쌓은 경험들을 잘 활용하면 부정적인 감정 상태에서 빠르게 벗어날 방법이 생긴다.

## 팀장은 세상에 좋기만 한 일도, 나쁘기만 한 일도 없음을 안다

—

불확실한 일을 추진할 때 팀원들은 자신의 확신이 무너지는 이유를 외부에서 찾는다. 팀장이 불안해하면 팀원들은 기꺼이 그동안 숨기고 있었던 자신의 불안과 실패할 이유를 쏟아낸다. 이 모든 것을 무능하고 불안한 팀장의 탓으로 돌리고 책임으로부터 자유로워지려 한다. 이러한 이유 때문에 팀장은 굳건한 멘탈을 유지하면서 팀원들에게 이런 인식을 심어주어야 한다. '저 사람은 결국 성공하는 순간까지 버티고 있어 줄 거야. 아무리 불확실한 상황도 버티면서 우리를 성공으로 이끌어줄 거야.'

감정 상태가 안정적인 팀장은 팀원들의 목소리에 더 세심하게 귀 기울일 수 있다. 팀 내에서 팀장은 팀원보다 늘 소수의 입장이다. 팀장의 의견은 소수 의견일 수밖에 없다. 그렇기에 팀장은 다양한 목소리를 듣고 받아들일 수 있어야 한다. 그리고 때로는 소수 의견자이지만 동시에 의사결정권자이자 리더로서 다수 의견자인 팀원들을 설득하며 이끌어야 한다. 불안한 팀장은 설득 과정을 생략하고 싶어 한다. 자신도 확신이 없기에 상대를 설득할 자신도, 여유도 없다. 이런 리더십은 바닥으로 떨어질 수밖에 없다.

다행히 경력이 쌓일수록 자연스럽게 감정의 진폭이 작아진다. 회사 생활을 하면서 이런저런 좋은 일, 나쁜 일을 겪어보기 때문이다. 나쁜 상황이 좋아지기도 하고, 좋은 상황이 나빠졌다가 결국 다시 좋아지기도 한다. 하루 만에 조직을 뒤덮는 부정적인 소식이 사실무근으로 밝혀지거나, 전화위복의 계기가 되기도 한다. 세상사는 좋은 일과 나쁜 일, 이분법으로 구분되기 어렵다. 다양한 경험 속에서 얻은 이 교훈은 상황에 일희일비하지 않을 수 있는 무던함을 준다.

"팀장님, 그거 들으셨어요? 이제 야근 후에 택시비 지원이 없어진대요."

회사는 이미 한바탕 소란이 일고 있었다. 일정 시각까지 야간 근무를 하면 택시비를 지원해주는 제도가 없어진다는 소식이 직원들의 입과 입으로, 메신저와 메신저로 일파만파 퍼져나갔다. 온갖 부정적인 말과 억측이 더해졌고 급기야 회사의 복지 제도 자체를 비판하는 목소리까지 생겨났다. 나는 일단 팀원들의 동요를 가라앉히기 위해 사실 확인부터 나섰다. 그 결과 인사팀은 직원들의 번거로운 택시비 영수증 청구 절차를 없애기 위해 모바일 택시 호출 회사와 법인 계약을 맺었다는 사실을 알 수 있었다. 택시비 청구 절차가 없어진다는 말이 와전되어 일어난 해프닝이었다.

야근 택시비 제도가 없어진다는 말이 빠르게 전파된 것은 사람들이 그 사실에 동요하고 분노했기 때문이다. 그리고 동요와 분노는 단지 소문으로 들었을 뿐인 이야기를 모두 사실로 받아들여서 생겨났다. 하지만 회사를 오래 다니다 보면 직원들 사이에 퍼지는 안 좋은 소식의 대부분이 오해에서 비롯된 잘못된 정보라는 것을 알게 된다. 그게 사실이라 할지라도 나에게 직접 영향을 미치는 것 또한 드물다는 것도 알게 된다.

신입사원 시절 가까운 선배의 퇴사 소식을 들으면 눈앞이 깜깜해졌다. 회사의 실적이 안 좋은 시기와 겹치기라도 하면 나 혼자 침몰하는 배에 남겨지는 기분이 들었다. 하지만 더 긴 시간을 두고 보면 회사에는 나가는 사람이 있으면 또 들어오는 사람이 있다. 회사의 실적은 안 좋았다가, 금세 회복되기도 한다. 회사 실적이 안 좋을 때는 회사와 함께 내 커리어가 침몰하는 것은 아닐까 두려워진다. 회사뿐만 아니라 산업 자체가 회생하기 어려운 위기로 가게 될 것만 같은 불안함도 든다. 하지만 산업이든 회사든 사이클을 돌아 제자리를 찾는 경우가 더 많다. 경력이 쌓이고 어른이 된다는 것은 이런 일로부터 초연해지는 감정적 자유를 주기 마련이다.

## 부정적인 감정 속을 들추어보면
## 아무런 근거가 없다

—

그럼에도 불구하고 부정적인 감정으로부터 완전히 벗어나 열반의 반열에 오른 사람이 어디 있겠는가? 생각과 감정은 우리가 미처 의식하지 않는 순간에도 들어왔다가 빠져나간다. 기차를 타고 갈 때 풍경들이 눈앞을 빠르게 지나치는 것처럼 말이다. 대부분의 감정은 창밖의 풍경처럼 시간이 흐르면 찰나의 순간에 지나가버린다. 이를 심리학에서는 '자동적 사고automatic thought'라 부른다. 하지만 유독 부정적인 감정들은 우리의 시선을 잡아끈다. 지나가버리면 아무 것도 아닐 부정적인 감정을 우리는 붙잡아두고 고통스러워한다.

미국의 심리학자 레진 갈란티Regine Galanti는 저서『너의 마음에게』에서 이렇게 시선을 사로잡은 부정적인 감정으로부터 벗어나는 구체적인 방법을 제시한다. 먼저 내 부정적인 생각을 뒷받침하는 증거들을 떠올려보고 하나씩 반박해보는 것이다. 우리의 부정적인 생각들은 대부분 확증된 사실이 아닌 왠지 그럴 거 같다는 짐작에서 출발한다. 부정적인 생각의 근거들은 몇 가지 대표적인 오

**210**

류를 가지고 있다. 중간을 고려하지 않는 흑백 논리, 상대의 의견은 들어보지 않고 혼자 내린 성급한 결론, 감정이 이성을 지배해 꼬리의 꼬리를 물게 된 감정적 추리, 긍정적인 가능성보다는 부정적인 가능성을 먼저 떠올리는 긍정 격하 등이다.

열심히 팀원들과 작업한 보고서를 임원에게 제출했는데 아무런 피드백이 없는 상황을 가정해보자. 한번 부정적인 생각에 사로잡히면 꼬리에 꼬리를 무는 감정들로 멘탈이 무너진다. 보고서가 마음에 들지 않는 것일까? 하지만 보고서는 좋거나, 나쁘거나 둘 중 하나만이 아닌 중간적인 피드백을 받을 수도 있다.

하지만 피드백이 없다는 이유로 임원이 마음에 안 들어 하는 것이라는 성급한 결론을 내린다. 그리고 혹시 이것 때문에 임원이 실망한 것은 아닐지, 팀원들도 나를 깔보는 것은 아닐지 부정적 감정의 추리를 해 들어간다. 임원이 보고서를 더 신중히 검토하는 중이라는 긍정적 가능성을 배제하고 부정적 가능성만 떠올리고 있다.

부정적인 감정의 무근거성을 알아차렸다면 이제 남은 문제 해결 방법은 임원을 찾아가 확인하는 것이다. 사람들은 부정적인 감정의 근거를 들추어내 확인하는 것을 꺼린다. 확인하기 전까지는 짐작에 불과하지만 혹여나 그것이 사실로 드러난다면 더 고통스럽기 때문이다. 그래서 사람들은 실체적 진실을 확인하기보다 가능성의 상태로 남겨놓기를 택한다. 하지만 이대로는 부정적 감정을 멈출 수도, 다음 행동으로 넘어갈 수도 없다. 팀장은 그간의 경험으로 봤을 때 세상에 부정적이기만 한 일은 없으니 이번에도 그럴 것이라는 긍정성으로 감정의 진폭을 제어하고 앞으로 나아가야 한다.


## 자기다운 모습일 때
## 멘탈이 흔들리지 않을 수 있다

—

사람들은 리더의 모습에 대한 선입견을 가지고 있다. 카리스마로 사람들을 통솔하고 언제나 앞장서서 적극적으로 비전을 제시하는 모습이 리더에게 일반적으로 기대하는 모습이다. 하지만 실제 리더들의 성격은 천차만별이다. 외향적인 리더가 있는가 하면 내성적인 리더도 있다. 적극적으로 사람들 앞에 나서는 리더도 있지만 은둔형 리더도 있다. 비전과 전략을 제시하는 리더도 있지만 미세한 조정과 관리를 강점으로 하는 리더도 있다. 사람들을 크게 아우르는 리더도 있지만 깐깐하고 엄격한 리더도 있다.

통념적인 팀장다운 모습을 보이기 위해 자기다움을 잃으면 안정적인 감정 상태를 유지할 수 없다. 좋은 팀장이 된다는 것은 무엇을 하느냐 이전에 어떤 존재가 되느냐의 문제다. 팀원들이 매력을 느끼고 기꺼이 따르고 싶은 사람이 되는 게 중요하다. 이것은 그동안 팀장으로서 겪은 짧은 경험만으로 만들어지는 게 아니다. 태어난 순간부터 지금까지 살아온 한 개인으로서의 삶에 대한 노하우가 발휘되어야 한다. 친구나 연인과 어떻게 좋은 관계를 만들어 왔는지, 부모님 또는 동료와 어떻게 의사소통을 해왔는지를 생각해보자. 한 인간으로서 형성된 사회성을 총체적으로 발휘해야 하는데 나다운 모습을 숨기고 팀장이라는 역할로서만 살아갈 수는 없는 노릇이다.

앤드루 그로브Andrew Grove의 베스트셀러『하이 아웃풋 매니지먼트』에서도 그는 자기다운 영향력 발휘 방법의 중요성을 다룬다. "모든 관리자들은 영향력을 발휘하기 위해 눈에 띄는 행동을 할 필요가 있지만 자신만의 방법을 찾아야 한다." "어떤 스타일의 리더십이든 조직의 구성원들에게 롤 모델이 된다면 상관없다." 등으로 표현했다. 팀장이 자신에게 맞지 않는 모습으로 애쓰면 팀원에게 불편함만 준다. 살다 보면 내 모습 중 마음에 들지 않는 구석도 발견한다. 동료나 선배 팀장의 모습 중 닮고 싶은 것들도 생긴다. 하지만 내 모습을 완전히 버릴 수도 없고 다른 사람의 모습을 완전히 따라갈 수도 없다. 개선하고 참고하되 나만의 스타일을 만들어 가는 과정이 필요하다.

팀장에게도 팀장 역할의 롤 모델이 있으면 자기다움을 잃지 않으면서도 부정적인 생각에서 빠르게 벗어날 수 있다. 누구나 1명쯤은 '나도 저런 팀장이 되고 싶다'라고 생각한 대상이 있었을 것이다. 그 사람을 동경했던 이유는 나와의 유사성이 있으면서 동시에 탁월했기 때문인 경우가 많다. 부정적인 감정이 떠오를 때 '그 사람이라면 어떻게 했을까?'라는 질문을 떠올려보자. 먼저 심리적으로 지지할 수 있는 가상의 대상이 생기면서 안정감을 찾을 수 있다. 그리고 그가 했을 법한 탁월한 행동을 구체적으로 상상해볼 수 있다. 마지막으로 내가 되고 싶었던 모습의 상상하며 '지금의 나에서' 벗어나 '개선되고 발전된 나'의 시각으로 문제를 바라볼 수 있을 것이다.

## 더 멀리 보는
## 팀장의 버드아이뷰

팀장이 자신의 약점을 드러내는 것은 조직을 위해 필요한 일이다. 완벽하거나 모든 것을 알고 있다는 태도를 겸허히 내려놓는 것 역시 성숙한 행동이다. 그러나 불안을 이기지 못해 발을 동동거려서는 안 된다. 그리고 자신의 불안 때문에 모든 것을 통제하려고 들어서도 안 된다. 부정적인 감정이 떠오를 때는 잠시 일을 멈추고 그 감정의 근거를 돌아보고 하나씩 반박해 불안이라는 사실 실체가 없음을 인식하자. 그리고 문제의 실체를 바라볼 수 있는 행동을 실행에 옮기도록 하자. 무엇보다 이 과정에서 팀장은 지극히 자기다운 모습을 유지해야 한다. 자신의 행동과 마음이 편해야 상대에게 불안을 내비치지 않을 수 있다.

# 여유를 되찾는
# 루틴이 필요하다

팀장은 언제나 압박감에 시달린다. 조직의 허리 역할을 담당하기 때문에 위아래에서 가해지는 압력을 모두 받는다. 압력을 일정 수준까지는 버틸 필요도 있다. 높은 압력에서 탄생하는 다이아몬드처럼 압력은 성장의 동력이 된다. 하지만 임계점을 초과하도록 두어서는 안 된다. 자연스럽게 스스로에게 가해지는 압력을 빼낼 수 있는 조절 밸브가 필요하다.

꽉 찬 머리와 가슴을 비워내려면 자기만의 루틴이 있어야 한다. 긍정적으로 일과 삶을 받아들이는 태도, 성공의 순간을 상상하며 멘탈을 훈련하는 방법, 큰 문제를 작은 단위로 나누어 하나씩 해결해내는 방법을 소개하고 싶다.

## 삶과 일은 서로를 강화한다는 인식을 가지자

—

'워라밸'에 대한 관심이 증가한지 꽤 오랜 시간이 지났다. 사람들은 직장에서의 헌신을 줄이고 직장 밖의 행복을 추구하기 시작했다. 하지만 여전히 사람들은 '행복의 결핍'에 시달리고 있는 듯하다. 아마존의 CEO 제프 베이조스Jeff Bezos는 "워라밸을 지지하지 않는다"라고 밝혔다. 워커홀릭으로 알려진 그가 근본적으로 말하고자 하는 바는 '일과 삶은 분리되어 있지 않으며, 오히려 서로를 강화한다'라는 철학이다. 일과 삶은 한쪽을 추구하기 위해 나머지 한쪽을 희생해야 하는 개념이 아니다. 일과 삶은 밸런스가 아닌 조화로움을 추구해야 하는 대상이다.

페이스북을 COO(최고운영책임자)로서 이끈 셰릴 샌드버그Sheryl Sandberg는 하버드 경영대학원 졸업 축사에서 이렇게 말했다. "당신의 완전한 자아를 직장으로 가져오라." 개인적인 삶에서도 우리는 즐겁고 의미 있는 일을 하기 때문에, 사랑하는 사람과 시간을 보내기 때문에 행복을 느낀다. 직장에서의 행복도 마찬가지다. 직장에서 불행한 사람은 개인의 삶에서도 행복을 느끼기 어렵고, 반대의 상황에도 그렇다. 결국 팀장의 멘탈에서 중요한 것은 개인의 삶에서든 직장 생활에서든 최고의 자아 상태를 유지하는 데 있다.

최고의 자아 상태란 주변 상황이나 타인이 흔들 수 없는 일관된 자신을 유지하는 것이다. 스스로가 비난을 들을 일이 있지만 좋은 사람이고, 다소의 실수가 있어도 매일 나아지기 위해 노력하는 사람이고, 문제에 부딪히지만 해결할 수 있는 사람이라는 자존감을 가지는 것이다.

나의 자아는 다른 사람의 말이나 판단, 주변 상황의 변화에도 불구하고 달라지지 않는다. 누군가 당신을 비난해도 근본적인 나의 자아가 변하지 않는다. 그 한 사람의 판단이 내 자아와 무관하게 존재했을 뿐이다. 칭찬을 듣는 것도 마찬가지다. 다른 사람의 칭찬이 나를 더 좋은 사람으로 만들지 않는다. 내 스스로가 인정하는 나의 좋은 자아는 다른 사람의 판단과는 무관하다.

다른 사람의 말 한마디와 성과의 상황에 따라 나의 기분이 결정된다면 그 기분이 나의 자아마저 흔들어 버린다. 성과가 좋아 칭찬을 받으면 과도한 자신감이 생기고 실수를 한다. 성과가 나빠 비난을 받으면 과도한 우울감을 느끼고 스트레스의 수렁에 빠진다.

그래서 내 완전한 자아를 찾고 유지하기 위해서는 나의 자아를 외부 상황으로부터 떼어놓을 필요가 있다. 물론 이것이 매순간 가능하지는 않을 것이다. 하지만 잘 풀리지 않는 상황에 화가 나고 스스로에게 불만족스러울 때는 지금 상황에서 한발 물러나서 그 상황을 느끼는 버드아이뷰를 가지고 자기 자신을 관조하는 것이 좋다.

"명상이 도움이 될 거예요."

처음 팀장 역할을 맡았을 때 한창 많은 스트레스에 시달렸다. 스트레스는 주로 사람과의 관계에서 찾아왔다. 팀원들과, 협력해야 하는 다른 부서의 사람들과, 때로는 경쟁 관계에 있는 다른 팀장들과. 그때 마음 터놓고 이야기할 수 있을 만한 선배 팀장을 찾아갔고 그는 나에게 명상을 권했다. 그전에 나는 한 번도 명상을 경험한 적이 없었다. 어떻게 시작해야 할까 고민하다가 나는 이참에 제대로 명상을 배워보겠다는 마음으로 회사 근처의 명상 수업 센터를 찾았다.

"회사 문을 나와 이 센터까지 걸어오는 장면을 떠올려보세요. 그때의 감각과 감정 모두 세세한 것 하나하나까지 신경 쓰면서 걸어왔던 길을 떠올려보세요. 걷고 있는 나를 제3자가 된 것처럼 머리 위에서 지긋이 내려다보세요. 나는 지금 무엇을 보면서 걷고 있나요? 무슨 생각을 하면서 걷고 있나요?"

명상은 그저 눈을 감고 호흡하는 게 아니었다. 명상 교육에서는 자신을 관조하는 법을 가르치고 있었다. 처음에는 오늘 하루 있었던 일을 떠올리며 관조해보다가 점점 지난날에 일어났던 일 속의 자신까지 관조하게 했다.

명상이 익숙해질수록 명상은 나를 더 먼 과거로 데려갔다. 학창 시절, 유년기 시절 중요한 사건들을 떠올렸다. 그리고 그때의 나를 관조하면서 당시의 내가 느꼈을 감정을 돌아보게 했다. 이렇게 나를 타자화하면서 그때 내 마음이 어땠는지, 그 마음이 지금 어떤 영향을 미치고 있는지를 깨달을 수 있었다.

명상은 버드아이뷰와 기본 원리가 같았다. 상황으로부터 한발 떨어져 더 먼 시야로 관조하면서 새로운 관점을 얻는다. 상황에 개입하고 있는 나보다 그 상황을 관찰하는 나는 더 안정적이고 현명하다. 우리가 과거의 경솔한 자신의 행동을 떠올리며 이불킥을 하는 이유이기도 하다. 명상은 언제든 나를 관찰하는 나로 만들어주었다. 관찰하는 현명한 나를 내 자아와 동일시하는 시간이 많아질수록 나는 스스로의 자아에 대한 자신감을 쌓을 수 있었다. 이는 전 세계 수많은 리더가 명상을 하는 이유다.

## 최고의 순간을 상상하는 것은
## 성공을 위한 훈련이다

—

인간의 뇌는 육체적 노력과 정신적 노력을 구분하지 않는다. 호주의 심리학자 앨런 리처드슨Alan Richardson은 농구 선수들을 대상으로 실험을 진행했다. 선수들을 두 그룹으로 나눠 한 쪽은 매일 20분간 슛 연습을 하게하고, 다른 한 쪽은 슛을 하는 상상만 하게 했다.

그는 두 그룹에서 비슷한 수준의 실력 향상이 나타났다고 밝혔다. 매일 헬스장에 간 그룹과 상상으로만 운동을 한 그룹 또한 실제 육체적 노력을 한 경우에는 30%, 정신적 노력만 한 경우에도 13.5% 근력 향상이 나타났다. 뇌 과학 권위자 브루스 립튼Bruce Lipton 박사가 "무언가를 이루려면 이룰 때까지 스스로의 잠재의식을 속여라"라고 말한 것도 같은 이유다. 하루 종일 행복하다고 속으로 되뇌는 사람은 실제로 행복해진다.

다양한 압박감에 시달리는 팀장들에게 최고의 순간을 상상하는 것은 압박감 해소에 큰 도움이 된다. 사람의 뇌는 부정의 개념을 이해하지 못한다. 코끼리를 상상하지 말라는 말을 듣는 순간부터 사람들은 코끼리만 떠올린다. 이처럼 실패하지 않아야겠다고 다짐하면 실패하는 상황만 머릿속에 가득 찬다. 사람의 뇌는 이미지의 지배를 받기 때문에 특정 단어와 상황을 떠올리면 그것이 이미지로 각인된다. 팀장들은 자신의 뇌와 뇌가 하는 정신적 노력을 긍정적인 성공의 순간들로 채워야 한다. 최고의 순간만을 상상하면서 잠재의식 속에 성공이 자리 잡게 하는 루틴을 만들어야 안정적인 멘탈을 유지할 수 있다.

중요한 발표를 앞두고 있다면 누구나 긴장한다. 대본을 외우고 연습하는 것이야 얼마든지 할 수 있겠지만 발표를 하는 기회는 단한 번이기 때문에 연습이 완벽을 보장해주지는 않는다. 국가대표 체조 선수가 같은 동작을 많이 반복했지만, 실전의 순간 실패하지 않는다는 보장은 없는 것처럼 말이다. 잠재의식과 멘탈을 위한 훈련은 발표 연습과 별개로 준비되어야 한다. 최고의 순간을 상상하는 형태로 말이다.

컨설턴트에게 발표는 일상이다. 그렇다고 발표가 긴장되지 않는 것은 아니다. 다른 사람 앞에 서는 일에는 늘 두려움과 설렘이 공존한다. 나에게는 발표에 임하기 전 중요한 루틴이 있다. 바로 성공에 대한 상상이다. 발표가 성공적으로 끝나고 마지막 인사를 한 후 박수갈채를 받는 상상을 한다. 좋은 발표였다며 모두 극찬하는 상상을 한다. 무대에 올라가는 것부터 두렵다면 첫 인사말을 자연스럽게 내뱉고 긴장이 완화되어 청중들이 눈에 들어오는 구체적인 상상을 한다.

팀원들에게 좋은 리더가 되고 싶다는 욕구와 그것을 이루어가는 과정도 마찬가지의 정신적 노력이 필요하다. 팀원에게 의미 있는 존재가 되는 것은 업무 성과를 내는 것만큼이나 어렵다. 사람 관계란 종류를 떠나 많은 심리적 스트레스를 야기한다. 팀원들을 동기부여하고 성장시킬 수 있는 인재 개발자가 되기 위한 과정은 큰 에너지와 고통을 수반한다.

팀장은 최고의 순간을 상상하면서 끊임없이 자신의 잠재의식에 긍정을 불어넣어야 한다. 팀원이 실제로 성장하는 것을 목격하는 순간, 팀원이 고맙다고 말하는 순간, 구성원이 행복하면서도 성과를 내는 팀이 되었다는 확신을 느끼는 순간 등의 긍정적인 상상으로 자신을 속여야 멘탈이 흔들리지 않을 수 있다.

# 스트레스를 회피하지 말고
# 작게 쪼개어 마주해보자

—

팀장이 해야 하는 많은 일은 단순한 지시의 이행이 아니다. 스스로 질문을 던지고 문제를 정의하며 해결 방안을 강구하는 고도의 창조적인 활동이다. 이런 활동은 우리 뇌에 극도의 스트레스를 안겨준다. 미국의 정신의학자 그랜트 브레너Grant Brenner에 따르면 회피는 위협에 대한 당연한 반응으로서 생존에도 유리했다. 숲 속에서 야생 동물이 튀어나올 거 같은 불안이 느껴지면 인간은 즉각적으로 그 자리를 회피하면서 생존해왔다. 현대 사회에서 새로운 일은 위험한 맹수와 같다. 일은 우리에게 맹수의 위협 같은 스트레스를 안겨준다. 이 때문에 뇌는 스트레스를 회피하고 싶어 한다. 일을 미루게 되는 것은 물론이고, 자꾸 휴대폰만 들추어보거나 평소에는 안하던 청소를 시작한다.

팀장은 팀의 성과에 대한 책임을 진다. 성과의 책임만큼은 어떤 변명도 통하지 못한다. 결국 일을 회피할 수도 없고, 일을 미루면 그만큼 좋은 성과를 낼 가능성이 줄어든다. 팀장에게는 새로운 일이 주는 스트레스를 똑바로 마주할 수 있는 루틴이 필요하다.

루틴의 첫 번째 단계는 본능적이고 즉각적인 회피를 하지 않는 것이다. 휴대폰을 꺼내들고 싶다는 욕구가 들어도 이 행동을 한 호흡만 참는다. 갑자기 화장실을 가고 싶거나 스트레칭을 하고 싶어도 한 호흡만 참는다. 일의 스트레스는 맹수의 위협과 다르게 당장

나의 목숨을 앗아가지는 않는다. 즉각적으로 회피할 필요가 없는 스트레스임을 인식하고 회피 행동을 잠시만 멈춘다.

두 번째 단계는 스트레스를 받는 나를 인식하는 것이다. '안 해본 일이기 때문에 내가 두려워하고 있구나.' '새로운 일이 생긴 게 번거롭다고 내가 느끼고 있구나.' 크고 작은 형태로 뇌가 받는 반응을 인정하고 받아들이는 것이다. 심리학자들은 스트레스를 인지하는 것만으로도 스트레스를 완화하는 데 도움이 된다고 말한다.

마지막 세 번째 단계는 일의 첫 번째 단계를 작게 쪼개어 실행하는 것이다. 기획서를 써야 한다면 목차라도 잡아본다. 아니면 배경지식이 될 만한 자료를 딱 10분만이라도 찾아본다. 그런 후에 화장실을 가거나 휴대폰을 잠시 보거나 산책을 하는 등 자신에게 보상을 준다. 자신에게 윽박지르기보다 어르고 달래며 한발만 나아가면 일을 회피하게 만드는 스트레스를 줄일 수 있다.

일을 미루는 행동의 기저에는 두려움이 깔려 있을 때가 많다. 실패에 대한 두려움도 있지만 일이 많아진 것을 팀원들이 싫어하지 않을까 하는 두려움, 야근이 많아지지는 않을까 하는 두려움까지 다양하다. 스트레스 상황에서 여유를 되찾기 위해서는 이 막연한 두려움으로부터 한 발자국만 벗어나면 된다. 즉각적인 스트레스로부터 도망가 휴대폰을 열고 분비되는 도파민을 즐기고 싶은 본능을 잠깐만 억누르면 된다. 그리고 일의 첫 번째 단계를 작게 한 발자국 밟아봄으로써 나의 두려움이 막연했다는 증거를 스스로에게 남기는 것이다. 천릿길도 한 걸음부터 시작하는 이유다.

## 더 멀리 보는
## 팀장의 버드아이뷰

이순신 장군을 다룬 영화 〈명량〉에서 장군의 대사가 비장하게 울려 퍼진다. "만일 두려움을 용기로 바꿀 수만 있다면 그 용기는 백배, 천배 큰 용기로 증폭되어 나타날 것이다." 팀장이 느끼는 압박감도 마찬가지다. 압박감에서 자유로울 수는 없다. 하지만 압박감을 일정한 자신만의 루틴을 활용해 동력으로 바꿀 수는 있다. 나의 자아를 소중하게 아끼고 다루기 위한 명상과 태도, 최고의 순간을 생생하게 상상하는 잠재의식의 훈련, 새로운 일을 회피하기보다 일이 주는 스트레스를 인식하고 작게 쪼개어 실행으로 옮기는 습관이 그것이다. 팀장의 멘탈은 자신의 압박감을 관조하는 여유에서 나온다.

# 좋은 어른에게
# 팀원의 존경이 따라온다

세계적인 리더십 권위자 켄 블랜차드Ken Blanchard는 이런 말을 했다. "탁월한 리더십의 핵심은 권위가 아닌, 영향력이다." 영향력은 그것을 행사하려는 리더로부터 나오는 게 아니다. 리더로부터 기꺼이 영향을 받고 비슷해지고 싶어 하는 팔로워들에게서 만들어진다.

팀장은 업무 관계를 넘어 팀원으로부터 존경받고 싶은, 닮고 싶은 사람으로서의 모습을 보여주어야 한다. 동시대를 살아가는 한 인간으로서 매력적인 삶을 살고 있어야 한다. 존경받는 팀장들은

**225**

닮고 싶은 삶을 살아가는 어른으로서 팀원과 수직적이지도 수평적이지도 않은 비스듬한 관계를 만들어 간다. 좋은 어른이 되는 게 좋은 리더가 되는 방법이다.

## 어른으로서의 인격이
## 최고 레벨의 리더십이다
—

철학자 아리스토텔레스<sup>Aristoteles</sup>는 『수사학』에서 사람을 설득하는 세 가지 방법을 정의했다. 로고스<sup>Logos</sup>는 이성과 논리에 의한 설득이다. 논거와 논리를 세시함으로써 납득하도록 만든다. 파토스<sup>Pathos</sup>는 감정적인 설득이다. 상대의 심리와 감정 상태를 이용하거나 특정한 감정을 불러일으켜 공감하도록 한다. 아리스토텔레스가 말한 가장 강력한 설득의 도구는 마지막 에토스<sup>Ethos</sup>다. 에토스는 정체성을 활용한 설득이다. 설득하는 사람이 가진 고유의 성품, 매력, 철학, 진실성이 상대의 마음을 움직이게 한다. 듣는 사람이 화자를 신뢰하고 좋아한다면 가장 효과적인 설득이 가능하다. "화자의 인격은 그가 지닌 어떤 설득의 도구보다 가장 강력하다." 아리스토텔레스는 이토록 에토스를 강조했다.

아리스토텔레스의 철학은 현대의 리더십 사상가들에게 영향을 미치고 있다. 리더십의 거장 존 맥스웰은 리더를 따르도록 만드는 5단계 리더십을 제시한다. 가장 낮은 단계는 '지위'다. 상급자로서의 직책이 만드는 리더십이다. 다음 단계는 리더와 맺는 '관계', 다음으로는 리더가 지금까지 이룩한 '성과'이고, 그다음 단계로 그는 리더가 조직과 구성원의 성공을 함께 돕는 '인재 개발'을 제시한다. 마지막 단계를 그는 '인격'이라고 말한다. 앞서 제시된 1~4단계를 모두 갖춘 리더가 5단계의 인격적 성숙함을 갖추면 사람들은 리더를 인생의 멘토로서 존경하고 따른다.

존경할 만한 인격과 정체성을 갖춘 사람을 우리는 흔히 '어른'이라고 부른다. 어른답다는 것은 단지 나이가 많다는 뜻이 아니라 그에 걸맞은 품성을 갖추었다는 의미다. 사람들은 좋은 어른을 따르고 닮고 싶어 한다. '나도 우리 팀장님의 저런 모습을 닮고 싶어'라는 마음을 심리학에서 동일화identification라고 말한다. 우리는 동일화하고 싶은 대상의 사소한 행동과 버릇을 무의식중에 따라 한다. 그의 가치관과 꿈까지 스스로를 동일화하며 팀원들은 팀장의 꿈을 함께 이루고 싶은 공동의 목표로 삼는다. 이렇게 좋은 어른이 되면 자연스럽게 영향력과 리더십이 생겨난다.

물론 고작 팀장이 되었을 뿐인데 완벽한 인격을 갖추라는 것은 너무 가혹하다. 하지만 존경받는 팀장을 꿈꾼다면 먼저 자신의 삶을 더 매력적으로 만들기 위한 노력이 필요하다. 내 삶의 스토리를 어떻게 다듬어 갈 것인가? 나는 어떤 비전과 꿈을 품고 있는가? 그동안은 어떤 강점으로 승부해온 사람이고 앞으로는 어떤 리더가 되고 싶은가? 업무를 떠나 개인의 삶에서는 어떤 의미와 가치를 추구하는가? 생생한 이야기를 품고 있는 삶은 팀장을 더 큰 품을 가진 리더로 보이게 만든다. 그리고 팀장은 스스로 자신의 인격을 깎아먹는 언행을 피해야 한다. 인격은 스쳐 지나가는 가벼운 말 한마디에서도 드러나므로 팀원의 존경심을 순식간에 훼손될 수 있다.

## 좋은 어른으로서의
## 리더 모습들
—

많은 팀장이 자신의 평판을 깎아먹거나, 반대로 존경할 만한 모습을 드러내게 되는 삶의 중요한 부분이 바로 가정생활이다. 우리 사회의 많은 기혼자가 자신의 결혼 생활을 깎아내린다. 후배들을 붙잡고 결혼은 최대한 늦추라거나 아이를 낳으면 네 삶은 없어진다고 겁박하는 모습이 흔하다.

자기가 선택하고 영위해가는 삶이 불행하다고 말하는 팀장을 닮고 싶은 사람은 없을 것이다. 결혼 여부나 가족의 유무가 중요한 게 아니다. 비혼주의라 하더라도 삶에 대한 자신의 선택을 긍정하는 게 어른이 취해야 할 태도다. 설령 환경적으로 정말 삶에 불행이 닥쳐와 있다면 그것은 홀로 감내할 문제다. 팀장으로부터 롤 모델의 모습을 꿈꾸는 팀원들과 나눌 문제가 아니다.

건강한 취미 활동으로 삶을 더욱 풍성하게 만들어가는 것 또한 닮고 싶은 어른의 삶이다. 알고 지내던 한 임원은 바쁜 와중에도 러닝 활동에 활발히 참여했다. 매일의 러닝 활동을 인스타그램에

올렸다. 회사에서 점심이나 퇴근 후 옷을 갈아입고 주변을 뛰는 모습을 인스타그램으로 보여주었기에 직원들도 그의 취미를 익히 알고 있었다.

그는 인격적으로도, 업무적으로도 훌륭한 임원이었다. 그를 닮고 싶어 하는 직원들 사이에서 러닝 취미가 퍼졌다. 임원을 주축으로 사내 러닝 모임이 만들어지기도 했다. 직원들은 그 임원의 열성적인 팬이 되었다. 사람들은 그의 모든 삶은 아닐지라도 건강한 취미를 꾸준히 이어가는 열정을 닮고 싶어 했다.

스스로를 꾸준히 성찰하고 성장하려는 모습 또한 좋은 어른의 태도다. 나이가 들수록 자신이 성공한 방식을 고집하게 된다. 성공 경험이 축적되면 이를 똑같이 하는 게 성공을 위한 안전한 선택이기 때문이다. 자연스럽게 새로운 환경과 변화한 게임의 규칙을 받아들이기 힘들어진다.

더 나은 어른의 태도는 꾸준한 학습과 적응이다. 변화에 마음을 열고 새로운 것을 받아들인다. 새로운 강의를 찾아 공부하고 새로운 사람들을 만난다. 팀원들과 함께 학습한 바를 나누고 지적인 토론을 한다. 철학자 칼 포퍼Karl Popper의 말처럼 "진정한 무지는 지식의 결여가 아니라 학습의 단절이다."

팀원들은 팀장이 모든 면에서 완벽하기를 바라지 않는다. 다만, 내가 기꺼이 따르고 싶은 좋은 어른으로서의 한 모습을 기대한다. 행복, 건강, 성장 등 보편적인 가치들을 실천적으로 추구하는 어른의 삶은 생각보다 주변에서 찾아보기 힘들다. 사람들은 대체로 자기 파괴적인 삶의 모습을 내보인다. 가족과 행복한 시간을 보냈다고 말하는 것을 낯간지럽게 여긴다. 건강한 취미 생활보다 유튜브와 넷플릭스가 훨씬 간편하고 재밌다. 학습보다는 늘어져 있는 휴식과 술자리가 더 중요하다. 대부분 어른의 삶이 그러하기에 좋은 어른의 모습은 특별해 보인다.

## 이상적인 팀장과 팀원은
## 수직도 수평도 아닌 비스듬한 관계다

—

좋은 어른으로서의 팀장은 팀원과 어떤 관계를 맺을까? 요즘 팀장은 팀원과의 관계 설정에 많은 혼란을 겪는다. 팀장은 자신이 권위주의를 싫어한다고 믿는다. 팀장들은 이미 많은 리더십 책과 교육을 받았으며 실리콘밸리나 스타트업의 수평적인 문화에 대한 이야기도 많이 들었다. 일부 기업들은 팀원 간에 호칭을 생략하고 서로를 영어 이름이나 이름 끝에 '님'자를 붙여 부른다.

팀장은 과거 자신이 경험한 권위주의를 그대로 답습할 생각이 없다. 시대가 달라졌으니 자신도 윗세대와 다른 사람이라 여긴다. 팀장은 자신이 얼마든지 탈 권위를 받아들일 수 있는 사람이라 생각한다. 하지만 불편함에서 완전히 벗어날 수는 없다. 사무실에서 마주쳐도 본체만체 인사가 없는 모습과 자신보다 지각이 잦은 팀원에게 불만이 쌓인다. 업무 지시가 부당하다는 듯 바라보는 팀원의 표정도 마음에 들지 않는다. 술자리에서 편하게 대하는 건 좋지만 가끔 선을 넘는 것 아닌가 싶은 생각이 든다.

특정 세대는 사회생활을 할 눈치가 없다고 여긴다. 팀장은 자신이 탈 권위를 선호하지만 권위를 내려놓으면 팀장으로서의 존중마저 잃어버릴 거 같다는 불안감이 든다. 팀원이 자신이 생각하는 선을 넘지만 않는다면 그 선을 넘기 전까지는 탈 권위자가 되고 싶다. 하지만 어쩐지 팀원이 생각하는 수준의 '선'은 생각보다 더 높이 있는 거 같다.

권위를 내려놓으면서도 존중받는 어른은 수평적이지도, 수직적이지도 않은 비스듬한 관계를 맺는다. 전통적인 회사의 상사와 부하 관계는 수직적이었다. 상사는 명령하고 부하는 따른다. 해야 하는 일이 명확하기 때문에 이런 관계가 작동할 수 있었다. 또 직장은 평생 내 삶을 책임져주기 때문에 나는 기꺼이 그 대가로 복종을 지불할 수 있었다.

하지만 시대가 달라졌다. 팀장조차 답을 못 내는 창조적인 일이 생겨난다. 직장과 개인의 관계는 일시적이기에 회사에 복종하기보다 개인이 스스로를 위한 선택을 하게 되었다. 그렇다고 팀장과 팀원의 관계가 친구 같을 수도 없는 노릇이다. 조직은 공동의 목표를 가지고 있고 그 목표를 위해 팀장은 팀원들이 가진 자원을 효율적으로 배치해야 하는 역할을 맡고 있기 때문이다.

수직적인 관계는 통제와 간섭, 긴장감이 흐른다. 수평적인 관계는 편안하지만 그렇기 때문에 때로는 서로 비교하고 경쟁한다. 팀장은 팀원을 일방적으로 통제할 수도 없다. 팀원과 동급으로 경쟁해서도 안 된다. 김찬호 성공회대 초빙교수는 경향신문 칼럼에서 "비스듬한 관계가 과거 동네 어른과 아이들의 관계에서 나타났다"라고 말한다. 이어서 "아이들은 부모와 교사 이외의 연장자들과 다양하게 접속할 수 있다면 삶이 풍요로워질 수 있다. 인생 선배를 만나 새로운 가치관이나 라이프스타일을 접하면서 역할 모델의 폭을 넓힐 수 있고, 자신의 숨은 미덕을 발견하면서 자존감을 회복할 수 있다"라고도 말했다.

좋은 어른으로서 팀장이 팀원들에게 제공해야 하는 관계적인 가치가 여기에 있다. 일방적으로 지시하기보다 일을 대하는 태도와 전문성을 보여주며 팀원 스스로 방향을 찾아가게 한다. 간섭하기보다 건강한 가치관을 가진 역할 모델을 보여줌으로써 팀원이 자신의 삶을 스스로 풍요롭게 만들 수 있도록 한다. 불안과 긴장을 조성하기보다 팀원의 숨은 강점을 발견해주고 원대한 기대를 품으면서 일의 의미를 찾도록 돕는다.

자신의 권위를 내세우면 두려움을 살 수는 있겠지만 존경과 존중을 얻지 못한다. 팀원의 삶에 더 관심을 기울이고 그의 삶과 가치관에 긍정적인 영향을 미치면 수직적이지도, 수평적이지도 않은 비스듬한 관계를 형성하면서 좋은 어른이라는 존경과 존중을 얻을 수 있다.

## 더 멀리 보는
## 팀장의 버드아이뷰

팀원과 친구처럼 지내고 싶은데 그렇다고 너무 편하게 대하면 기분이 나쁜가? 존경받는 리더가 되고 싶은데 나만 너무 내외하는 게 서운한가? 팀장이 된 이상 팀원들과 친구가 될 수는 없다. 팀원들은 팀장에게 친구가 되어주기를 기대하지 않는다. 성과를 내는 리더, 성장시켜주는 리더, 따르고 배우고 싶은 리더를 기대한다. 팀원들과 친구가 되려 하지 말고 함께 어울리고 싶은 어른이 되어야 한다.

좋은 어른은 자신의 삶을 건강하게 가꾸어간다. 삶에서 건강, 가족, 행복과 같은 보편적인 가치를 중요하게 여긴다. 중요하게 여기는 자신의 가치를 위해 최선을 다한다. 이런 건강한 어른의 모습은 권위 없이도 영향력을 발휘할 수 있는 존경과 존중을 가져다준다.

PART 7

이제는 실전이다!

상황별
팀장 생존법

"컨설턴트가 보수적인 대기업으로 이직하면 종종 견제의 대상이 되기도 해. 특히, 공채 문화가 강한 회사에서는 외부에서 영입된 새로운 사람을 받아들이기 힘들어 해. 그게 왠지 자기 잘난 맛에 살 것 같은 컨설턴트 출신이라면 더욱 그렇지. 이런 기업에 자연스럽게 녹아들려면 일단 일을 잘하고, 성과로 인정받는 것보다 중요한 게 있어."

컨설팅 회사에서 일하다 보면 다양한 산업과 회사로 이직하는 사람들을 보게 된다. 당연히 대기업으로 이직하는 사람도 있다. 요즘은 그 정도가 많이 줄었다고는 하지만 여전히 대기업들은 경직되고 보수적인 문화를 보인다. 공채 출신들이 만든 끈끈한 선후배 관계 안에 외부인이 녹아드는 것은 쉽지 않은 일이다. 이러한 이유 때문에 가장 보수적이기로 유명한 한 대기업의 팀장으로 이직해 잘 안착하고 오랜 기간 재직 중인 선배의 말에 귀가 쫑긋할 수밖에 없었다.

"입사하고 얼마 후에 부서에서 환영 회식 자리가 있었어. 그 날 집에 있던 싸구려 가방 하나를 들고 출근했지. 생각보다 술을 많이

팀장의 관점

마시진 않았는데 그래도 적당히 취할 만큼 기분 좋은 자리를 가졌어. 그리고 헤어졌지. 다음 날 출근해서 머리를 긁적이면서 이야기했어. 아~ 어제 너무 취해서 집에 어떻게 들어갔는지 기억도 안 난다고. 가방도 잃어버렸는데 택시에 놓고 내린 거 같다고."

선배는 그 일이 있고 나서 팀원들이 자신에게 마음을 여는 걸 느꼈다고 했다. 그는 컨설턴트 출신의 신임 팀장이 보수적이지만 서로의 관계가 끈끈한 기업에 들어와 처음 증명해야 하는 것은 '우리와 다르지 않은 모습, 때로는 흐트러질 줄 아는 허술함과 이런 면모에서 오는 안전함'이었다고 말했다. 업무적인 성과는 서로에게 느끼는 안전함 위에서 쌓아가면 되는 것이었다.

이렇듯 팀장은 처한 환경에 따라 자신의 모습을 자유자재로 바꿀 줄 알아야 한다. 환경이 달라졌다고 해도 팀장이 만들어야 하는 성과의 모습이 달라지는 것은 아니다. 하지만 그 성과를 만들 수 있는 환경을 조성하는 방법과 속도, 성과를 만드는 방법의 디테일은 분명 달라야 한다. 성과를 내기 위해 주어진 시간이 얼마나 있는지, 일의 성격이 무엇인지, 조직의 역량은 어떤지, 분위기와 문화는 준비가 되어 있는지 등 환경은 다양한 변수의 조합이다.

# 스타트업에서
# 팀장으로 살아남기

스타트업으로의 이직이 증가하고 있다. 국내 스타트업 생태계가 커지면서 일자리의 양이 늘어나고 질이 좋아졌다. 그에 따라 더 많은 전통 기업의 중간 관리자도 스타트업에 승선하는 추세다.

스타트업의 업무와 조직 환경은 오래된 전통 기업과 사뭇 다르다. 팀장들이 요구받는 역할에도 스타트업만의 특성이 녹아 있다. 스타트업의 창업자는 절대적인 존재다. 수평적인 문화를 꿈꾸며 이직했지만 절대 군주 같은 창업자의 영향력에 중간 관리자들이 당황하기도 한다. 빠르게 성장하지만 그에 걸맞는 체계를 갖추지 못한 특성과 다양한 전문가들의 협업이 활발하다는 특성은 팀장에게 새로운 과제를 안겨준다. 스타트업의 팀장에게 특별히 중요한 것은 무엇일까?

## 스타트업은 창업자의 꿈을 위한 곳이다

—

스타트업의 탄생은 창업자의 꿈에서 시작된다. 창업자는 풀고 싶은 문제를 정의하고 그 문제 풀이 방식으로 지금의 회사를 사회에 제안했다. 투자자가 있다면 그들도 창업자의 꿈에 투자금을 베팅한 사람들이다. 초기 기업일수록 제품에는 창업자의 자아가 뚜렷하게 녹아 있고 조직 문화도 창업자의 기질을 그대로 반영한다. 이런 조직에서 팀장의 역할은 창업자가 꿈을 실현할 수 있도록 조력하는 것이다.

스타트업으로 이직한 혈기왕성한 중간 관리자들이 이점을 간과한다. 자신의 유능함과 필요성을 증명하기 위해 창업자에게 반대하거나 그의 권력을 견제하려든다. 그러나 창업자를 견제하는 것은 투자자를 비롯한 이사회와 주주이지 팀장이 할 일이 아니다.

창업자를 보좌하는 2인자가 팀장의 역할이라면 기꺼이 악역이라야 한다. 조직의 2인자인 부사장을 지칭하는 'Vice President'에는 '악惡'이라는 뜻을 가진 접두사 'vice'가 붙어 있다. 물론 악행을 저지르라는 의미는 아니다. 창업자가 그린 꿈과 비전은 땅에 발을 딛고선 실무로 구현된다. 2인자로서 팀장은 조직의 실무를 장악하고 세세한 프로세스와 시스템을 구축하거나 운영할 수 있어야 한다. 살림꾼으로서 구성원들에게 필요한 잔소리를 하고 귀찮은 일이나 구성원들을 귀찮게 하는 일을 도맡아야 한다. 팀장이 이런 본분을 망각하고 외부로 나돌거나 조직을 휘어잡지 못하면 살림이 창업자에게 넘어간다. 그러면 팀장의 필요성이 사라질 뿐 아니라, 꿈과 비전을 그리는 창업자 역할마저 사라진다.

창업자의 꿈이 현실과 너무 동떨어져 있거나 필요한 단계를 간과하고 있다면 쓴소리를 하는 것도 물론 2인자의 몫이다. 그러나 섣부른 직언은 원하는 결과를 없을 수 없을 뿐디리 창업자와의 신뢰를 훼손한다. 특히 막 경력직으로 입사한 팀장이라면 창업자와의 신뢰를 쌓는 게 최우선이다. 어설프게 팀원들의 입장을 대변해 창업자와 대립해서는 안 된다. 창업자가 꾸는 꿈을 어떻게든 실행에 옮길 방법을 찾고 조직에 전달한다. 창업자와 경쟁하지 않고 창업자에게는 없는 자신만의 뚜렷한 실무 전문성을 십분 발휘한다. 신뢰가 형성되면 쓴 소리도 쓰지 않게 말할 수 있다.

중간 관리자로 스타트업에 합류하기 전에는 반드시 창업자를 잘 관찰해야 한다. 이 사람이 꾸는 꿈의 100% 동의할 수 있는가? 그는 그 꿈을 추진해 나아갈 자원과 역량이 있는가? 그 꿈에 인생의 한 챕터를 걸고 몰입할 수 있는가? 그와 나는 좋은 관계를 만들 수 있는가? 창업자가 가지지 못한 역량이 나에게 있는가? 창업자가 해결하고 있지 못한 조직의 숙제를 나의 전문성이 해소해줄 수 있는가? 합류를 결정할 때는 이러한 고민을 한 채 창업자와 충분한 대화를 나누어야 한다. 합류 후에도 창업자의 꿈을 함께 현실화하는 팀장의 사명을 간과하지 않아야 한다. 스타트업 합류를 꿈꾸는 사람은 열정과 성취욕이 높다. 하지만 이 급한 마음과 혈기 때문에 실수를 저지르고 팀장은 정체성의 혼란을 많이 느낀다는 것을 명심하자.

## 현재의 유산은
## 과거 누군가의 최선이었다

—

배달의민족이 식당 사장님들에게 필요한 여러 물품을 판매하는 신사업 '배민상회'를 처음 시작할 무렵의 일이다. 신사업 조직은 사업 규모가 커지며 인력도 늘어났다. 조직이 50명을 넘어가자 다양한 배경을 가진 구성원들 간의 갈등도 생겼다. 특히 처음부터 사업을 만들어온 원년 멤버들과 새롭게 합류한 경력직들 간의 갈등이 심했다. 경력직들은 일이 너무 비효율적으로 돌아간다고 기존 멤버들을 비난했다. 기존 멤버들은 처음 사업을 시작하고 그간 치른 고생을 모르는 경력직들의 비난을 방어적으로 대했다.

새롭게 합류한 경력직들이 보기에 스타트업의 일하는 방식은 체계가 없는 비효율 덩어리처럼 보일 때가 많다. 수십 년에 걸쳐 기존 사업을 안정시킨 전통 기업과 달리 스타트업은 업력이 짧다. 체계화와 안정화보다는 성장에 집중하는 단계이기 때문에 업무의 효율을 희생하는 결정도 한다. 하지만 그것도 기존 팀원들에게는 최선을 다한 결과다. 더 오랜 기간, 더 초기부터 서비스를 만들고 키워온 팀원들은 새롭게 합류한 경력직보다 회사에 큰 애착을 가진다. 아무리 선한 의도라도 새로운 사람으로부터 비판받고 싶지 않은 게 당연하다.

이 갈등을 조율하면서 사업을 담당하던 이동진 실장은 팀원들에게 이렇게 말했다. "현재의 유산은 과거의 누군가에겐 최선이었다." 과거 그럴 수밖에 없었던 결정과 그에 따른 결과에 대해 우리는 연민을 가져야 한다는 의미다. 지금 우리가 최선을 다해도 미래의 누군가에게는 또 유산이 될 것이니 기존 멤버들은 배우고, 새로운 멤버들은 애정을 담아 말하면서 현재의 문제를 잘 극복해야 한다. 중간 관리자로 합류할 때는 유산을 인정해야 한다. 과거로부터 쌓인 유산이 있고, 그것을 극복해야 하기 때문에 경력직 관리자를 채용하는 것이다. 유산은 누군가의 책임으로 돌리고 비난할 대상이 아니라 지금의 내가 풀어야 하는 숙제다.

이런 유산을 '성장 부채'라고도 부른다. 빠른 성장을 추구하는 과정에서는 프로세스와 시스템에 부채가 쌓인다. 성장을 하면 일이 늘어난다. 지금 수작업으로 하는 일을 기술 투자를 진행해 자동화하면 조직이 효율화되면서 부채는 줄어든다. 하지만 스타트업은 많은 수작업을 감내하면서 자동화에 쓸 기술 인력을 또 다른 성장을 만드는 데 투자한다. 그렇게 부채는 성장과 비례해서 증가한다. 부채를 상환하지 않고 쌓을수록 이자도 늘어난다. 조직이 감당해야 하는 일상적인 비효율이 늘어나는 것이다. 이러한 이유 때문에 어느 순간 조직은 악성 부채부터 상환하기 시작해야 한다. 부채가 감당할 수 없을 만큼 커지기 전에 말이다.

스타트업에 합류한 중간 관리자들은 높게 쌓인 성장 부채를 보면서 절망에 빠진다. 겉보기에 화려한 스타트업의 실체가 '이런 비효율과 엉망인 프로세스였다니!'라고 생각해 속았다는 기분이 들 수도 있다. 그래서 쌓여 있는 대출 채권을 깡그리 모아 몽땅 없애야겠다는 생각도 한다. 일부는 실제 실행으로도 옮긴다. 대규모 구조조정, 사업의 철수, 기존 시스템의 폐기와 새로운 시스템의 전면적인 도입 등으로 실행한다. 미사일 발사 버튼을 누르는 것은 한순간이고, 모든 부채가 소거되는 것도 속 시원할 정도로 한순간이다. 하지만 그 미사일 잔해와 파괴된 진지를 수습하는 것을 정말로 감당할 수 있는 체력을 가진 스타트업은 많지 않다.

대출 채권에 불을 지르겠다는 결정보다 현명한 팀장이라면 냉정한 부채 상환 계획을 세워야 한다. 부채 상환을 할 때 우리는 이자가 높은 악성 부채부터 순차적으로 갚아 나간다. 현금 흐름에 맞추어 차곡차곡 원금을 갚으면서 만기가 도래한 부채는 새로운 대출을 받아 메꾸거나 더 이자가 낮은 대출로 갈아탄다. 이를 리파이낸싱refinancing이라고 부른다. 성장 부채를 정리하는 과정도 마찬가지다. 우선순위를 세우고 조직의 체력에 맞게 개선 계획을 짠다.

**243**

그리고 팀원들에게 계획을 공유한다. "지금 부채 때문에, 수작업과 비효율 때문에 힘들다는 것을 안다. 하지만 우리는 이런 계획을 가지고 하나씩 문제를 해결할 것이다. 그러면 여러분도 더 새로운 일에 집중할 여유가 생긴다. 그때까지만 모두 합심해서 참아보자."

## 다양한 분야의 전문가들과 협업하기

—

대부분의 전통 기업들은 위계 조직 체계를 가지고 있다. 사람의 역량보다는 오랜 기간 자리 잡힌 프로세스와 시스템의 힘으로 돌아간다. 사람이 빠지면 그 자리를 다른 사람이 대체해도 큰 문제가 생기지 않는다. 위계에 따른 조직 구조와 업무분장은 이 거대한 시스템을 움직이는 체계다. 반면, 스타트업은 역할 조직이다. 1명이 1인분이 아닌 10인분을 해야 전통 기업과 겨루어볼 수 있다. 시스템이 자리 잡지 않았고 사람들이 하나씩 시스템을 만들어가야 한다. 그러다 보니 구성원들은 모두 전문가여야 한다. 신입을 교육시킬 여력은 제한적이다.

전통 기업과 비교할 때 자연스럽게 팀장의 역할 중 조직 육성과 코칭의 비중은 줄어든다. 팀원들 각자가 전문가여야 하기 때문이다. 반면 팀장은 이 다양한 분야의 전문가들과 효과적으로 협업하는 역량을 요구받는다. 전통 기업보다 스타트업에서는 부서 간 협업이 더욱 긴밀하게 일어난다.

조직이 작은 만큼 한 몸처럼 일사분란하게 움직인다. 시스템과 체계의 부재를 사람 간의 소통으로 극복하기도 해야 한다. 마케팅, 디자인, 재무, 인사, 조직 등 여러 부서가 공동의 목표를 바라보며 협업한다. 팀원 중에 팀장과 다른 전문 분야의 팀원이 있는 경우도 많다. 스타트업의 조직 구조는 시시각각 변하고, 전통 기업처럼 자리 잡힌 명확한 팀 간 업무분장 구분이 없기 때문이다.

다른 분야의 전문가와 협업할 때 기본은 서로의 언어를 이해하는 것이다. 외국에서 길을 헤매고 있을 때 외국인이 우리에게 "안녕하세요? 도와드릴까요?"라고 인사해준다면 어떨까? 설령 그 사람이 할 줄 아는 우리말이 그것뿐이라 해도 반가울 것이다. 상대의 언어를 기초적인 수준에서라도 이해하면 더 자연스러운 협업이 가능하다. 먼저 상대는 나에게 안전함을 느끼고 협업을 위해 다른 분야의 언어를 습득해준 노력에 고마움을 느낀다. 다른 국가의 언어를 더듬더듬 단어로만 말해도 원어민은 잘 알아듣는 것처럼 기초적인 지식만으로도 업무 측면에서 소통이 원활해진다.

나도 처음 배달의민족에 전략 기획자로 합류했을 때 가장 먼저 모바일 서비스 기획과 소프트웨어 개발의 기초 서적을 읽고 공부했다. 물론 수박 겉핥기에 불과하다. 수년간 그 분야를 공부하고 또 이후 몇 년을 현업에 종사한 전문가들에 비하면 말이다. 하지만 그 업무의 기본적인 구조를 이해하자 귀와 입이 트였다. 회의도 원활해지고 사내의 여러 문서를 읽고 이해하는 것도 쉬워졌다. 기획

**245**

과 개발이 익숙해지자 나는 공부의 범위를 디자인, 마케팅 등으로 넓혀 나갔다. 덕분에 나는 회사의 여러 조직 간 협업을 원활하게 만드는 윤활유로서 귀한 대접과 존중을 받았다. 여러 분야의 전문가들과 일하는 스타트업은 공부한 것을 실전에 즉각 활용해볼 수 있는 최고의 배움터다.

## 더 멀리 보는
## 팀장의 버드아이뷰

스타트업에 합류하는 것을 '로켓에 올라탄다'라고 표현한다. 그 로켓은 빠르고 멀리 날아갈지는 모르겠지만 세련되지도 않고 첨단 과학의 결정체도 아니다. 구성원들은 이미 날고 있는 로켓의 날개를 교체하고 엔진을 정비해야 한다. 로켓에 문제가 생겨도 잠시 멈추어 세우는 건 불가능하다. 이 극한의 환경에서 팀장은 독특한 리더십을 발휘해야 한다. 창업자의 꿈을 실현하는 계획을 세우고 걸림돌이 되는 부채들을 하나씩 제거해야 한다. 이때 의욕이 과한 나머지 창업자와 경쟁하거나 기존의 유산을 부정해서도 안 된다. 의욕은 다른 데 써야 한다. 다양한 전문가와 협업하기 위해 새로운 지식을 적극적으로 받아들여야 한다. 스타트업 커리어에 성공하려면 기존의 전문성 한 스푼과 새로운 배움에 열린 유연함 한 스푼이 모두 필요하다.

# 딱딱한 전통 기업을
# 조금씩 바꾸기

일반적인 기업에 근무하고 있다면 어떨까? 유능한 팀장이 갖추어야 하는 여러 가지 얼굴 중 무엇부터 만들어가야 할까? 전통 기업의 팀장들은 스타트업에 비해 팀원들을 동기부여하기 어렵다는 문제를 토로할 것이다. 회사는 관료화되어 있다. 경직된 문화와 강한 위계질서를 팀장 혼자 풀어가기란 불가능하다고 느낄 것이다. 스톡옵션도 없고, 일을 잘하든 못하든 평가 제도가 허술하고 정치적이라 팀원들의 주인 의식을 불러일으킬 수 없다고 여길 것이다. 그럴 때일수록 작은 목표로 시작해야 한다. 스스로 지치지 않도록 장기전을 펼쳐야 한다. 하나씩 눈앞의 이룰 수 있는 목표부터 세우고 바꾸어가면서 팀의 전반적인 분위기를 만들어가야 한다.

## 팀원들의
## 학습된 무력감을 타파하라
—

대다수의 기업은 관료화되어 있다. 인사 제도와 문화는 직원들이 일하는 즐거움이나 의미, 성장의 직접 동기보다 타성과 압박감 등 간접 동기에 의존하도록 한다. 기업들이 처음부터 그랬던 것은 아니다. 오늘의 전통 기업도 처음 만들어질 때는 스타트업이었나. 하지만 몸집이 커지면서 프로세스와 시스템이 안정화되었을 것이다. 의사결정 하나하나의 규모가 커진 만큼 부담해야 하는 위험도 크다. 직원의 판단 실수를 차단하기 위한 제도가 마련된다. 이런 제도는 직원들의 직접 동기를 옥죈다. 직원들은 새로운 시도를 하지 않는다. 조직이 이를 반기지 않기 때문이다. 무력감이 조직 전반을 장악한다. 이 학습된 무력감을 어디서부터 무너뜨릴 것인가?

관료화된 조직의 학습된 무력감은 직접 동기의 불씨로만 아주 조금씩 무너뜨릴 수 있다. 우리나라의 전통 기업들은 '전술적 성과'에 집중하는 제도를 가지고 있다. 해결책이 이미 주어진 일을 빠르고 효율적으로 수행하는 일이다. 하지만 사람들의 직접 동기는 '적응적 성과'를 추구할 때 발휘된다. 적응적 성과는 계획을 벗어날 수 있는 능력이다. 스스로 창의적으로 문제를 정의하고 해결책을 제시하며, 답을 찾아가는 과정을 수행하는 힘이다. 전통 기업의 팀장은 팀원들이 적응적 성과를 위해 일하는 환경을 만들어가야 한다.

물론 전통 기업에서는 팀장조차도 전술적 성과 목표로부터 자유로울 수 없다. 조직 전체가 전술적 성과 목표를 부여하기 때문이다. 영업 매출 목표, 시장 점유율 목표, 비용 계획과 목표 주가 등의 목표를 달성하지 못하면 벌을 받고 달성하면 상을 받는 제도는 직원들이 간접 동기에 의존하게 만든다. 팀장이라고 목표가 주는 압박감으로부터 자유로울 수 없다. 그러나 분명한 사실은 직원들에게 매출 목표를 강조한다고 그 목표가 달성되는 게 아니라는 것이다. 팀장은 목표 달성률을 매일 체크하며 팀원들에게 압박감을 주려하기보다 목표를 달성할 적응적 방안을 함께 고민해야 한다.

『무엇이 성과를 이끄는가』에 등장한 전술적 목표와 적응적 목표를 조화시키는 사례를 소개하고 싶다. 당신은 휴대전화 기업의 CEO가 되었다. 현재 7%인 시장 점유율을 높이는 전술적 성과 목표를 가지고 있다. 마케팅 담당자는 세 가지 목표 중 하나를 제시할 수 있다. 첫 번째는 '최선을 다하세요!'라고 말하는 노력형 목표다. 두 번째는 '점유율을 20%까지 끌어올리세요'라고 말하는 전술적 목표다. 이 두 가지는 목표 달성 여부에 따라 상벌을 결정하는 거래형 리더십이다. 세 번째 적응적 목표를 내세우려는 리더는 이렇게 말하라고 조언한다. '점유율을 높일 수 있는 새로운 여섯 가지 전략을 생각해봅시다.'

저자는 이 각각의 목표가 직원들에게 미치는 영향을 파악하기 위해 경영대학원 학생들을 대상으로 시뮬레이션을 진행했다. 참여 학생들은 8회에 걸쳐 게임을 진행하며 여러 전략 변수를 조정할 수 있었다. 그리고 조정한 전략에 따라 점유율 변화를 확인했다. 8회 중 전반부까지의 실험 결과 나머지 두 그룹의 시장 점유율이 오히려 하락한 반면, 적응적 성과 목표를 부여받은 세 번째 그룹은 점유율이 28% 상승했다. 시뮬레이션 중반에 돌발 상황이 등장해 이전의 전략이 무용지물이 되자 적응적 성과 목표 그룹은 나머지 그룹과의 격차를 더 벌렸다. 그들은 다른 그룹과 달리 계속해서 새로운 가설을 세우고 실험했다.

전술적 성과 목표만을 지향하면 새로운 시노에 제약이 생긴다. 경직된 숫자 목표에 따라 직원들은 행동한다. 아이디어를 내는 것이 위험하고 멍청한 일이 된다. 숫자에 맞게 논리적인 것처럼 보이는, 유능한 해답인 것처럼 보이는 엉뚱한 논의들로 회의를 가득 채운다. 회의가 많아지며 일은 본질을 잃어버린다. 이런 문화를 몰아내려면 팀장은 팀원들에게 더 많은 소통을 해야 한다. 이 목표의 배경과 왜 이 목표를 달성해야 하는지 설명하는 데 많은 시간을 써야 한다. 그리고 성공할 만한 전략임을 뽐내고 검증하기 위해 쓸데없는 시간을 쓰기보다 결과와 무관하게 실행해볼 만한 가설들을 제안하고 실험하는 데 집중해야 한다.

# 팀원과 부서의 역사를 이해하면
# 변화의 저항을 줄일 수 있다

—

전통 기업에서는 변화를 도모할 때 한 번에 하나씩 조정해야 한다. 지금까지 조직에 안개처럼 짙게 깔린 무력감을 타파하는 일은 오랜 시간이 걸린다. 팀장이 먼저 시작하고, 팀원들을 1명씩 변화시켜야 한다. 팀장은 이러한 장기전에 지치지 않도록 멘탈을 관리하고 욕심내지 말아야 한다. 그러려면 어디부터 점령해갈 것인가를 결정해야 한다. 팀원 개개인의 역사를 잘 이해해야 한다. 그들이 어떤 과정을 거쳐 지금에 이르렀고, 앞으로는 어떤 삶을 살고 싶은지 알면 누구부터 변화를 시작할 수 있는지 알 수 있다.

팀장이 아무리 좋은 의도로 조직을 바꾸려 해도 처음에는 저항에 부딪힐 것이다. 사람들은 기존 방식을 더 선호한다. 잔잔한 호수에 팀장이 던진 돌멩이가 일으키는 파장은 팀원들을 불편하게 만들 것이다. 서던캘리포니아대학교 리더십 연구소 초대 학장을 역임한 워런 베니스Warren Bennis 교수는 이를 '무의식적 음모'라고 불렀다. 고착화된 관료주의에 사람들은 익숙하며, 익숙함을 유지하려하기 때문에 긍정적인 변화조차 거부하고 그 노력을 해치려는 음모를 무의식적으로 품는다는 의미다. 이러한 이유 때문에 가장 저항이 적은 곳이 어딘지 파악하고, 그곳부터 점령하는 전술은 매우 중요하다.

팀원들과 1:1로 자주 이야기를 나누며 그들의 사정을 파악하자.

모든 기업이 스타트업의 단계에서 시작했듯, 모든 팀원들도 열정 가득한 시절이 있다. 개개인의 열정이 최고조로 발휘된 순간은 언제인지, 그 열정은 어떤 계기와 과정으로 사그라졌는지에 귀를 기울이자. 평생직장이 없어진 시대에 지금의 회사에 안주하며 뼈를 묻겠다는 사람은 드물다. 그들에게도 나름대로 커리어를 개발해야 한다는 불안이 있다. 더 훌륭한 팀원이라면 꿈과 목표 의식까지 이미 가지고 있을 수도 있다. 각자의 역사를 이해하면 그들과 어떤 동기를 공유해야 하는지, 어떤 속도로 그들과 변화를 도모할 수 있는지 이해하게 된다.

새롭게 조직을 맡은 팀장이라면 팀원 개개인의 역사만큼 부서의 역사를 이해하는 것도 중요하다. 내가 맡고 있는 부서의 목표는 무엇인가? 다른 조직들은 우리 부서를 어떻게 바라보고 있는가? 우리 부서의 가능성, 기회는 무엇이고, 잠재된 위기와 위협 요인은 무엇인가? 팀을 적응적 성과를 추구하도록 바꾸는 것은 개인의 차원과 조직의 차원 모두에서 필요하다. 팀원들이 직접 동기의 불씨를 다시금 키울 수 있도록 돕는 한편 팀의 분위기와 문화도 바꾸어 가야 한다. 때로는 대외적으로 보이는 팀의 이미지를 쇄신하기 위한 내부 홍보 활동이 필요할 수도 있다. 다른 조직에서 우리 팀을 긍정적인 시선으로 바라보기 시작하면 팀원들이 변하는 속도 또한 빨라진다. 팀에 대한 자부심이 그들의 성장 욕구를 자극하기 때문이다.

# 변화하는 외부 세계를
# 조직 안으로 끌어들여라

―

스타트업과 전통 기업을 두루 경험하며 느낀 두 집단 구성원 사이의 차이는 역량이나 주인 의식이 아니었다. 가장 큰 차이는 자신의 성장을 위한 투자였다. 스타트업 업계의 많은 구성원은 스스로를 프로페셔널이라고 여긴다. 회사는 언제든 떠날 수 있는 곳이다. 회사 명함 없이도 포트폴리오와 역량으로 스스로를 증명할 수 있어야 한다고 여긴다.

직무 관련 스터디 모임이나 강의에서 스타트업 업계 종사자들은 활발히 만나며 서로의 노하우를 공유하고 배우며 성장한다. 스스로를 직장인이라고 여기는 전통 기업에서는 이런 직원들을 찾기 어렵다. 어쩌면 회사가 주는 안정성이 단기적인 성장 욕구 에너지를 앗아가는 것일 수도 있다.

많은 전통 기업을 컨설팅해보면 겉으로는 혁신을 외치지만 개개인은 과거에 안주하고 있다는 생각을 한다. 과거에는 기업 내부에서 쌓이고 확보되는 고급 지식들이 걸러지지 않은 외부의 정보를 질적으로 압도했었다. 제한적인 사람들 사이에서만 정보가 전파되던 시절의 이야기다. 하지만 현대 사회는 만들어지고 있는 새로운 정보의 양도, 그 정보가 전파되는 방식도 전통 기업이 수용하는 게 불가능하다. 기업들은 어떻게 외부에서 생성되는 정보를 기업 내부로 끌어들일지 고민해야 하는 시대다. 피터 센게Peter Senge

매사추세츠공과대학교 경영대학원 교수는 『학습하는 조직』에서 이렇게 표현했다. "관리하는 조직에서 변화에 대응할 수 있는 학습하는 조직으로 진화해야 한다."

전통 기업에서 팀장이 유능해질 수 있는 간단하면서 유용한 팁은 변화하는 외부 세계와 멈추어 있는 조직을 이어주는 파이프가 되는 것이다. 외부 세계에서는 새로운 비즈니스가 탄생하거나 몰락한다. 새로운 AI 기술이 등장하고 수많은 가능성을 열어놓는다. 발 빠른 사람들은 이 기술을 재빠르게 활용해 새로운 시도를 세상에 소개한다. 2022년에는 의사면허시험을 가볍게 통과하는 대화형 AI 기술 챗GPT, 미술 공모전에서 심사위원들을 속이고 1등을 차지하는 그림 생성 AI 기술 미드저니 등 생성형 AI 기술들이 전 세계를 놀라게 했다. 이런 서비스를 뉴스로만 접하지 않고, 직접 써보며 우리 회사에 어떻게 적용하면 좋을지 고민해본 팀장이 몇 명이나 될까?

요즘 시대에 새로운 정보를 꾸준히 얻는 것은 특별한 노력 없이도 가능하다. 내게는 페이스북이 가장 빠른 정보 획득 수단이다. 내 페이스북에는 수많은 스타트업 업계 및 기술 업계 리더의 계정이 팔로우 되어 있다. 그들은 빠르게 새로운 소식을 전하기도 하지만, 자기만의 시각으로 한번 곱씹은 콘텐츠를 무료로 게재한다. 습관적으로 켜는 SNS에서 친구들의 신변잡기가 아닌, 저명한 리더들의 콘텐츠를 매일 볼 수 있다는 것은 현대인이 반드시 누려야 하는 특권이다. 먼저 정보를 얻고, 우리 조직에 어떤 영향이 있을지 고민하고, 발 빠르게 적용하며 조직에 전파하는 파수꾼은 학습하는 조직에서 가장 필요한 인재다.

## 더 멀리 보는
## 팀장의 버드아이뷰

관료화된 문화를 탈피하고 새로운 리더십을 발휘하고자 마음먹었다면 팀장 스스로 먼저 구심점이 되어야 한다. 팀원들에게 조금씩 일하는 즐거움과 성장의 동기를 불어넣어야 한다. 전술적 성과 목표에 매몰된 제도를 깨고 나와 팀원들이 스스로 새로운 시도를 해볼 수 있는 공간을 만들어야 한다. 한 번에 모든 것을 변화시킬 수는 없다. 그동안 층층이 퇴적된 무력감을 한 꺼풀씩 벗겨나가야 한다. 팀원들의 수용도가 각자 다르기 때문에 어떤 팀원이 다음 구심점이 되어줄지 선별해야 한다. 그들의 사정과 역사를 이해하는 충분한 대화를 가져야 한다. 그리고 이들에게 성장의 재료가 될 외부의 정보들을 팀장은 열심히 끌어다놓아야 한다.

# TF 프로젝트에서
# 성과내기

회사에는 일반적인 상시 조직이 아닌 임시로 만들어진 팀들도 있다. 태스크 포스 팀<sup>Task Force Team</sup>, 소위 TF라고 부르는 임시 팀은 특수한 임무를 수행하기 위해 만들어진다. 따라서 임무에 적합한 인재들이 각 기능 조직에서 차출된다. 단기 임무 수행이 목적이므로 장기적인 조직의 성장이나 문화 형성보다는 임무를 명확히 공유하고 가장 효과적인 해결 방안을 찾는 게 팀장의 주된 역할이다.

팀장에게 팀원들의 역량에 대한 정보가 부족한 상황도 많다. 서로 손발을 맞추어온 사이가 아니라 소통의 난이도도 높다. 이러한 이유 때문에 TF에서 성과를 내려면 최대한 빠르게 정보가 교류되도록 만들어야 한다. 팀장에게도 여러 모드가 필요하다. 단기전에서는 생존 모드의 스위치를 켜야 한다.

## 프로젝트에
## 어떤 의미를 부여할 것인가?
—

사람들은 대체로 TF에 차출되는 걸 싫어한다. 상시 조직에서의 일은 이미 익숙하기 때문에 이미 개인이 통제할 수 있다. 반면 TF는 그동안 해왔던 일도 아니거니와 속전속결이 중요하다는 특성상 일의 진행 호흡이 빠르다.

TF가 생길 정도의 일은 회사에서 중요한 일이므로 부담도 생긴다. 그래서 TF에 차출되는 걸 반기는 사람보다는 빠지고 피하고 싶어 하는 사람이 훨씬 많은 게 사실이다. 그렇기 때문에 TF 팀장의 역할로 중요한 것은 그 과업에 색다른 의미를 부여하는 것이다. 기쁘게 반기지는 못해도 TF에 소속되는 게 팀원들에게 충분히 의미 있는 전리품으로 돌아갈 거라는 확신을 주어야 한다.

경영 컨설턴트들은 모든 업무가 TF다. 고객사에서 발주한 새로운 프로젝트가 생기면 팀장은 자신과 함께 그 임무에 도전할 팀원들을 선발한다. 팀원들의 전문성이 가장 중요한 고려 요소지만 그 일에 스스로 얼마나 동기부여 되어 있는가도 중요한 요소다. 프로젝트는 짧으면 수 주, 길어도 1년을 넘어가지 않는다. 동기부여 되어 있지 않은 팀원이 일에 대한 동기를 찾을 수 있도록 상담과 코칭으로 지원하기에는 짧은 시간이다. 이러한 이유 때문에 팀원과 선발 여부를 상의하거나 이미 선발을 한 후 그 사실을 커뮤니케이션 하는 시점부터 팀원이 어떤 의미를 부여하게 할 것인지에 대한 대화를 나누는 게 중요하다.

나는 먼저 프로젝트의 중요성을 이야기하는 편이다. 회사의 TF 프로젝트 중에는 경영 진단이나 신사업처럼 회사의 명운을 결정하는 일들도 있다. 그렇지 않더라도 프로젝트는 다양한 형태로 직원들에게 영향을 미친다. 동료들의 일을 더 효율적으로 만들어주기도 하고, 회사가 새로운 기회를 탐색할 수 있는 발판을 마련해주기도 한다.

두 번째로는 개인의 성장과 성취 관점을 생각한다. 프로젝트에서 새로운 역할을 맡아볼 수 있다거나, 새로운 분야에 대한 전문 지식을 쌓을 기회가 있을 수도 있다. 중요한 프로젝트는 팀원으로 소속되었다는 것 자체가 자부심이 되기도 하고 회사에서 인정받을 기회로 작용하기도 한다.

일의 중요성과 개인의 성취 외에도 팀의 관계성 또한 중요한 의미를 갖는다. 팀장은 TF가 운영되는 동안 팀원들이 어떤 모습과 관계로 일 하기를 바라는가? 단기적인 임무 수행을 바라보며 달리는 동안 팀원들은 모두 자신이 가진 최고의 전문성을 발휘해야 한다. 서로를 인정하고 존중하는 전문가 집단이 끈끈한 팀워크를 내뿜으며 즐겁게 일하는 경험을 해볼 수 있다는 게 팀원이 TF에 즐겁게 참여하는 또 다른 이유가 된다.

물론 이도저도 아닐 때도 있다. 어떤 측면에서도 이 프로젝트가 팀원에게 만족스러운 의미로 와닿지 않는 경우도 존재한다. 다른 더 매력적인 기회가 있을 때가 주로 그렇다. 그럴 때는 '나 한 번만 도와줘'라는 인간적 호소가 나을 수 있다. 팀원의 유능함이 이 순간 팀장인 나에게 간절하게 필요하다는 진심이 유효한 설득이 될 때가 많다.

TF에 참여하는 의미를 부여할 때 중요한 것은 과업의 성공을 그 무엇보다 우선해야 한다는 점이다. 축구 경기가 끝나면 점수에 따라 명확하게 팀의 승패가 결정된다. 선수 개인이 얼마나 활약했는지, 그 경기를 통해 얼마나 인기를 얻었는지는 팀 전체의 성공에 우선하지 않는다. 팀이 패배하면 모든 선수가 실패한 것이다. 마찬가지로 단기간 내에 과업을 성공시켜야 하는 TF에서는 개인의 사정이나 자존심을 내세워서는 안 된다. 개인의 이기심이 드러날수록 공동의 목표를 성취할 팀의 역량은 반감된다. 팀장은 프로젝트의 성공이 개인의 영달에 무조건 우선한다는 것을 명확히 이야기할 필요가 있다.

일을 진행하다 보면 생각보다 다양한 형태로 개인의 이기심들이 튀어 나온다. 어떤 팀원은 사이가 안 좋거나 못마땅한 동료와 같이 일하는 게 불만이다. 어떤 팀원은 팀에서 맡은 역할이 동료와 비교했을 때 불만족스럽다. 어떤 팀원은 자신이 더 인정받지 못하는 거 같아 실망이다. 상시 팀을 운영할 때는 부대를 훈련시켜 더 강하게 만들거나 임무 배치를 바꾸어가며 적합한 역할 구성을 찾을 여유가 있다. 하지만 TF는 오늘 당장 적진에 침투해 표적을 제거하고 귀환해야 하는 정예부대다. 일에 동기를 찾을 수 없거나 개인을 앞세우는 팀원은 동료들의 생존도 위협한다. 팀에 없는 게 낫다.

## 단기전에서는 빠르게 정보가 오갈 수 있어야 한다

—

TF는 빠르게 정보가 오기는 게 중요하다. 각사 어떤 정보를 새롭게 수집했는지, 임무 진행 단계가 어떤지를 활발히 소통해야 한다. TF가 시작되는 처음 단계에서는 팀장에게 더 많은 정보가 있다. 프로젝트가 시작된 배경, 프로젝트가 핵심적으로 다루어야 하는 주제와 목표, 이전에 경험한 유사한 사례와 관련 지식을 팀장은 적극적으로 나누어야 한다.

실제로 '이 정도는 이미 알고 있겠지'라고 생각해 정보를 공유하지 않으면 많은 문제가 발생한다. 프로젝트가 진행될수록 정보의 무게중심은 팀원들에게로 이동한다. 팀원들은 각자 맡은 영역을 더 깊게 파고 내려가면서 외부의 정보를 습득한다. 팀장은 팀원들의 정보가 팀 내에 전파되도록 끊임없이 독려해야 한다.

정보 공유의 목적은 모든 팀원들이 같은 생각을 하도록 만드는 데 있다. TF에서 팀원들이 최고의 전문성을 발휘하고 각자 일당백을 해내려면 스스로 판단하고 행동해야 한다. 이때 필요한 것은 정보다. 모두가 같은 정보를 공유하고 같은 틀로 사고할 때 상황에 반응하는 방식이 비슷해진다. 미국의 특수 부대 네이비실은 작전 수행 중 수시로 정보를 공유하는 회의를 한다. 이 회의를 영어로 Intelligence & Operation라고 하며 줄여서 IO 회의라고 부른다. 대원들은 각자의 위치에서 새롭게 발견한 특이사항을 매일 공유한다. 때때로 그 특이사항에서 예기치 못한 이례적인 사건, 블랙스완이 발생하기 때문이다.

정보 공유 회의의 주기는 짧게 매일 할 수도, 주간 단위로 할 수도 있다. 프로젝트의 성격과 팀원들의 업무적인 성숙도에 따라 결정하면 된다. 회의에서 팀원이 발견한 정보를 듣는 동시에 자신의 정보를 전달해야 한다. 첫 번째 던질 질문은 '무엇을 새롭게 배웠는가?'이다. 이 질문은 팀원이 발견한 정보가 공유되도록 만든다.

두 번째 질문은 '목표를 위해 어떤 진전이 얼마나 있었는가?'이다. 팀원이 제대로 업무와 목적을 이해하고 있는지 확인할 수 있으며 업무 진행 상황에 대한 정보를 알 수 있다. 팀원에게 그냥 일을 하면 되는 게 아니라 목적을 향한 진전이 있어야 한다는 사실을 상기시킬 수도 있다.

마지막 질문은 '그러면 이제는 무엇을 배워야 하는가?'이다. 팀원이 다음 업무를 스스로 계획해갈 수 있도록 독려한다. 그리고 필요하다면 팀장이 가진 정보를 공유해 제대로 된 방향을 잡을 수 있도록 돕는다.

'날렵한' '기민한'이라는 뜻을 가진 애자일<sup>agile</sup> 방법론은 최고의 기술 기업들이 신봉하는 소프트웨어 개발 방식이다. 기존에는 기획안 작성, 디자인, 개발, 테스트 등 업무를 각기 다른 팀에서 순차적으로 진행해 소프트웨어가 탄생했다. 이를 폭포처럼 일이 한 방향으로 흐른다고 해 워터폴<sup>waterfall</sup> 방식이라고 부른다.

애자일 방법론에서는 처음부터 끝까지 모든 범위를 한꺼번에 개발하지 않는다. 전체 개발 범위를 작은 구성 요소로 쪼갠다. 그리고 각 구성 요소별로 계획, 분석, 설계, 구현, 테스트를 짧은 사이클로 반복한다. 워터폴 방식이 거대한 시스템을 1년에 걸쳐 구축한다면, 애자일은 이를 작은 단위로 쪼개 2주마다 하나씩 개발하고 가설을 검증한다.

애자일 방법론은 2001년 소프트웨어 개발자 그룹이 작성한 '애자일 소프트웨어 개발에 대한 선언문'에서 시작되었다. 선언문은 이 새로운 개발 방법론을 제시하면서 몇 가지 특성을 설명하고 있다. 먼저 애자일에서는 개인과 개인의 상호작용이 프로세스보다 우선한다. 작은 범위에서라도 작동하는 소프트웨어가 모든 범위가 정리된 기획 문서에 우선한다. 변화에 대응하는 것이 계획을 따르는 것보다 우선한다. TF의 단기전은 애자일 방법론처럼 운영될 필요가 있다. 모든 것은 계획대로 전개되지 않는다. 작은 단위로 일을 쪼개고 빠르게 정보를 공유하며 상황에 따라 반응해야 한다.

# 생존 모드에서는
# 원칙보다 생존이 앞선다

—

TF는 생존 모드의 팀장을 필요로 할 때가 많다. 일단 살아남는 게 중요해지는 것이다. 기존 팀이 해결하지 못한 문제라서 TF가 만들어진다. 그만큼 어려운 문제일 것이다. 급박하게 진행해야 해서 TF를 만든다. 기존에 담당하는 사람이 없던 새로운 일이라서 TF로 시도해본다. 이렇게 문제의 난이도가 극악이고 시간과 자원의 제약 심함에도 불구하고 성과를 내야 할 때 팀장은 생존 모드에 불을 켜야 한다. 이때 팀장은 다른 중요한 원칙들마저 내려놓고 닥치는 대로 무엇이든 해야 한다. 코칭도, 동기부여도, 문화도 일단 살아남아야 다음을 도모해볼 수 있다.

이 책을 포함해 리더십과 조직 관리에서 제시하는 많은 원칙은 팀의 관계가 장기적이라는 가정을 깔고 있다. 하지만 TF는 '일단 해내는 게' 중요할 때가 많다. 장기적인 관계에서 필요한 원칙을 희생하더라도 말이다. 대표적인 예시가 마이크로 매니지먼트다. 우리는 마이크로 매니지먼트의 부정적인 영향을 잘 알고 있다. 한 사람의 역량에 팀의 성과가 의존되면서 팀원들의 주도성이 파괴된다.

마이크로 매니지먼트는 팀장이 팀원보다 그 업무를 잘 알고 있을 때만큼이나 오히려 잘 모를 때도 일어난다. 당장 어떻게 지시해야 할지를 팀장이 모르기 때문에 불안하고, 그래서 하나하나 직접

해보거나 통제하면서 방향을 잡아가고 싶어 한다.

생존 모드에서 마이크로 매니지먼트이 불가피하다고 판단될 때 팀장은 그 책임이 스스로에게 있다는 것을 인정하면 된다. 대체로 팀장들은 자신이 마이크로 매니지먼트를 하고 있다는 사실을 은연중에 안다. 하지만 그 이유를 팀원들에게로 돌리기 때문에 큰 문제가 된다. '나는 수평적인 문화를 지향하는 사람인데, 당신들의 역량이 부족하고 자꾸 사고를 치니까 어쩔 수없이 내가 이러는 거다'라는 인식이다.

앞서 언급한 것처럼 마이크로 매니지먼트를 하는 대표적인 이유는 팀장의 불안이다. 그게 팀장이 팀원보다 더 많이 아는데 그 지식을 단기긴 내에 충분히 공유할 사신이 없어서든, 팀장이 실제로 지식이 없어서든 팀장의 불안이 마이크로 매니지먼트를 부르고 있는 것이다. 이러한 이유 때문에 "내가 지금 마이크로 매니지먼트를 한다는 사실을 알고 있어요. 그리고 그 이유는 내가 불안하기 때문입니다. 어느 정도 일이 궤도에 오르면 불안이 해소될 거 가 같아요. 그러니 그때까지만 저를 좀 도와주세요"라고 이야기하며 스스로의 상태를 인정하는 메타인지를 발휘하면 마이크로 매니지먼트 자체는 문제가 되지 않는다.

대신 언제까지 이런 방식으로 일하려고 하는지, 구체적으로 무엇을 통제하고 싶은 상태고 어떻게 일하고 싶은지에 대한 팀장의 생각을 팀원들에게 잘 전달하자. 위임도 역량이다. 위임할 수 있는 역량이 부족하다면 그 자체를 솔직하게 인정해야 한다. 팀원들에게 좋은 사람으로 보이고 싶어서 어설프게 권한 위임을 해서도, 마이크로 매니지먼트를 한다는 사실을 부정해서도 안 된다.

## 더 멀리 보는
## 팀장의 버드아이뷰

TF야말로 팀장으로서 갈고 닦은 전문성과 리더십을 발휘해볼 절호의 기회다. 중요한 TF를 성공적으로 이끌면 팀장 커리어에 미치는 영향이 크다. 회사 사람들에게 자신의 역량을 빠르게 알릴 수 있고 이는 새로운 기회로 연결된다. 물론 단기적으로 성과를 내야 하는 압박감도 크다. 많은 사람이 TF 차출을 피하는 이유다. 성공적으로 TF를 이끌어가려면 팀원들이 공동의 목표에 나름대로의 의미를 부여할 수 있게 도와주어야 한다. 팀장 스스로 먼저 프로젝트에 자부심을 가지고 임해야 한다. 팀원들이 활발하게 정보를 나누며 팀의 역량이 매일, 매순간 향상되도록 독려하는 것도 중요하다. 많은 단기 TF는 생존 게임이다. 살아남고, 해내는 게 중요하다면 팀장은 지금 해야 하는 일을 닥치는 대로 해야 한다.

# 유능한 팀장은
# 뜨거운 아이스 아메리카노처럼

이 책에서는 팀장으로서 해야 하는 팀장만의 일을 다루었다. 뛰어난 실무자를 넘어, '내 일과 성과'를 넘어, '팀의 일과 성과' '나의 성장'을 넘어, '팀원들의 성장' '나의 하루'가 아닌 '팀의 문화'를 만들어가는 것이 팀장 역할의 본질이다. 유능한 팀장들은 나무가 아닌 숲을 볼 줄 안다. 하늘을 나는 새처럼 넓게 조망하고 더 멀리 보는 버드아이뷰를 가지고 팀의 성과를 이끈다.

나도 좋은 팀장이 되기 위해 여러 가지 책과 강의를 탐닉했었다. 그리고 대부분이 리더십, 코칭, 동기부여 같은 요소만 다루는 점이 아쉬웠다. 현실의 많은 팀장은 조직의 리더인 동시에 뛰어난 실무

팀장의 관점

자여야 한다. 팀장이 배를 모는 선장이라면 팀원들이 바다를 동경하도록 동기부여를 해주며 팀원들이 올라탈 배를 설계하고, 배 제작이 지연되지 않도록 공정을 운영하는 관리자 역할을 해야 한다. 우리는 흔히 리더라는 말을 좋아하고, 보스라는 말을 부정적으로 받아들인다. 그러나 팀장에게는 보스로서의 역할과 권위가 분명 필요하다. 어떻게 나의 권위를 조직의 위계가 아닌 전문성과 역량에 근거해 만들 수 있을까가 정말로 해야 하는 고민이다.

책이 말하는 팀장의 기술을 모두 열거해놓고 미시적으로 분석한다면 분명 서로 상충하는 지점들이 있다. 팀장의 역할이 마치 뜨거운 아이스 아메리카노처럼 이질적으로 느껴질 정도다. 즉 팀장의 역할은 어찌 보면 역설적이다. 리더로서 자신감을 가지되 전지전능하다고 생각하는 자만을 가지지 말라든지, 전문가로서 지식과 관점을 전달하되 팀원들의 자율성을 위해 침묵해야 한다는 내용들이 그렇다.

내가 근무하고 있는 PwC컨설팅의 전략부문 스트래티지앤드 strategy&에서 〈하버드 비즈니스 리뷰〉에 기고한 "포스트 코로나 시대 리더의 6가지 역설"도 이런 상충된 리더의 역할을 설명하고 있다. 기고문이 정의하는 6가지 역설은 다음과 같다. 글로벌 마인드를 갖춘 로컬리스트localist, 고결하고 진실한 정치가, 겸손한 영웅, 전략적인 실행가, 기술에 해박한 휴머니스트humanist, 전통적인 혁신가다. 서로 대립하는 두 가지 모습에서 균형점을 찾고, 상황에 맞게 행동하는 역설의 조정이 변화하는 시대의 리더에게 반드시 필요하다고 말한다.

사람들에게는 자신이 되고 싶은 팀장의 이미지가 있다. 그 이미지는 과거 자신이 경험했던 여러 훌륭한 리더들의 모습이 중첩된 결과다. 다양한 리더들로부터 닮고 싶은 모습을 따왔기 때문에 그 이미지는 완벽하고 고결하다. 하지만 서로 모순되는 양쪽 방향으로의 모습을 가지고 있기도 하다. 이 완벽한 이미지에 스스로가 충족하지 못하기에 힘들어하고 고뇌한다. 그러나 우리는 자신의 모습을 쿠키 틀처럼 정해놓고 이에 맞추어 행동할 수 없다. 우리는 상황에 맞게 판단하고 행동하고, 균형점을 찾으면서 스스로의 모습을 형성해 나가야 한다. 미리 정의한 자신이 그렇게 행동하는 게 아니라, 내가 고민하고 행동한 결과들이 쌓여서 자신이 형성된다. 우리는 팀장으로서의 내 모습을 끊임없이 탐색하는 과정에 있다.

맥길대학교 경영학과 교수이자 경영 구루로 불리는 헨리 민츠버그Henry Mintzberg는 팀장의 모습을 이렇게 묘사했다. "(팀장이 지휘자와 유사하다면) 온갖 문제가 잇달아 발생하고 그때마다 신속하게 문제를 수정해야 하는 리허설 때의 지휘자와 같다." 냉철한 전략적 판단과 화려한 프레젠테이션이 팀장 역할의 전부가 아니다. 오히려 일상 속의 팀장은 팀원들 속에 들어가 수다를 떨고, 일이 잘 진행되는지 확인하며, 여기저기서 터지는 문제들을 해결하느라 녹초가 되고, 팀원들을 향한 감정 노동을 하느라 괴로워한다. 팀장은 정신없고 힘든 일이 맞다.

그러나 이런 과정을 거치기 때문에 한 사람의 팀장은 임원으로,

경영자로 성장해간다. 최고경영자와 팀장은 영향력의 범위가 다를 뿐 본질적으로 경영과 관리 업무를 한다는 점에서는 같다. 유능한 팀장이 되면 자연스럽게 점차 자신의 관리 범위가 넓어진다. 함께 일해야 하는 팀원의 수가 늘어난다. 물론 팀원 수가 늘어나면 관리 방식도 진화해야 하지만, 인간으로서의 그릇도 커져야 한다. 이렇게 관리의 기술과 그릇을 함께 키우는 훈련 과정을 겪는 사람, 이를 기꺼이 감수하겠노라 마음을 먹고 책을 부여잡고 있는 사람은 분명 조직 내에서 인정받는 차세대 리더가 된다.

나에게 좋은 팀장이 된다는 것은 좋은 사람이 된다는 것과 다르지 않았다. 주변을 더 보살피고 귀를 기울인다. 도움을 주기 위해 노력하고, 도움을 줄 수 있는 여건을 갖춘 사람이 되기 위해 노력한다. 사람을 목적으로 대하고 원대한 기대를 가지며, 상대의 성장을 위해 애쓴다. 사람들과 함께 공동체를 만들고 공동체의 이익에 기여하며, 공동체가 공유하는 문화 자산을 일구어간다.

좋은 사회 구성원은 좋은 팀장이 될 수 있다. 반대로 좋은 팀장도 좋은 사회 구성원이 될 수 있을 것이라 믿는다. 일과 삶은 이렇게 연결되어 있다. 이 시대의 팀장들이 더 나은 자신의 모습을 가꾸어갈 때, 개인의 삶에서도 더욱 반짝이는 의미를 찾을 수 있으리라 믿는다.

나도 한 사람의 사회 구성원으로서 주변으로부터 많은 도움을 받았고, 내 주변에도 긍정적인 영향을 끼치고 싶다. 이 책을 집필하면서 내가 함께 일하고 동경했던 많은 선후배의 모습이 스쳐 지나갔다. 그중 매우 일부를 사례로 다루었을 뿐이다. PwC컨설팅 전략본부 스트래티지앤드, 커니Kearney, 우아한형제들에서 함께 근무하며 나에게 가르침을 준 모든 분께 진심 어린 감사를 전한다. 내가 속한 중요한 공동체로서 인간적인 성숙을 선물해준 '파란하늘 공동육아'에도 감사하다. '손해 보며 살라'는 말을 몸소 보여주시며 조금이나마 베풀 줄 아는 팀장의 모습을 가지도록 도와준 부모님께도 감사하다. 무엇보다 지금 이 순간에도 내 삶이 행복하다는 확신을 주는 아내와 아들 김현에게 글로 다 표현하지 못할 사랑을 전한다.

# 팀장의 관점

**초판 1쇄 발행** 2023년 8월 1일

**지은이** 김규철
**브랜드** 경이로움
**출판 총괄** 안대현
**책임편집** 이제호
**편집** 김효주, 정은솔
**마케팅** 김윤성

**발행인** 김의현
**발행처** 사이다경제
**출판등록** 제2021-000224호(2021년 7월 8일)
**주소** 서울특별시 강남구 테헤란로33길 13-3, 2층(역삼동)
**홈페이지** cidermics.com
**이메일** gyeongiloumbooks@gmail.com (출간 문의)
**전화** 02-2088-1804  **팩스** 02-2088-5813
**종이** 다올페이퍼  **인쇄** 재영피앤비
ISBN 979-11-92445-43-4 (03320)